es 1346

edition suhrkamp

Neue Folge Band 346

W0065412

»Wir sind eine Wegwerfgesellschaft. Ich bin ziemlich sicher, daß man die
›Naturvölker‹ wegwerfen wird, wenn klargeworden ist, daß sie nicht den
Reinheitsgeboten der Intellektuellen entsprechen, daß sie keine Natur
verkörpern, sondern daß sie in vieler Hinsicht ›künstlicher‹ und ›zivilisierter‹ sind als wir. Wenn sich dies herumgesprochen hat, wird vielleicht
die Fünfte Welt, die Natur selber, den freigewordenen Platz einnehmen,
bis auch sie ihre ›Unnatürlichkeit‹ offenbaren wird. Damit meine ich, daß
auch sie irgendwann zeigen wird, daß sie nicht das ist, was man von ihr
erwartet.« *(Hans Peter Duerr)*

»Man mag – wofür dann aber nicht, wie bislang üblich, polemisiert, sondern mit Gründen argumentiert werden sollte – in vielen Dingen anderer
Meinung sein als Duerr in *Satyricon*. Dennoch – oder gerade deswegen –
braucht die zeitgenössische, satte und selbstzufriedene Wissenschaft un-
bequeme Leute wie ihn als ein Korrektiv. Das dürfte Duerr selbst vermutlich eher gleichgültig sein, was ihn aber wiederum davor bewahrt,
zum akademischen Hofnarren zu verkommen.« (Gerd H. Hövelmann in
Psychologie heute.)

Hans Peter Duerr
Satyricon

Essays und Interviews

Erweiterte Neuausgabe

Suhrkamp

edition suhrkamp 1346
Neue Folge Band 346
Erste Auflage 1985
© dieser Ausgabe Suhrkamp Verlag
Frankfurt am Main 1985
Erstausgabe
Alle Rechte vorbehalten, insbesondere das
der Übersetzung, des öffentlichen Vortrags
sowie der Übertragung durch Rundfunk und Fernsehen,
auch einzelner Teile.
Satz: IBV Satz- und Datentechnik, Berlin
Druck: Nomos Verlagsgesellschaft, Baden-Baden
Umschlagentwurf: Willy Fleckhaus
Printed in Germany

1 2 3 4 5 6 – 90 89 88 87 86 85

Für Bärli und Sun Woman

Inhalt

Vorwort

Eigentlich hatte ich vor, in diesem Bändchen auch die Aufsätze abdrucken zu lassen, die ich zwischen 1964 und 1972 im Eifer so manchen Gefechtes, aber auch in stilleren Weinlaunen geschrieben und veröffentlicht habe. Schließlich habe ich aus drei Gründen darauf verzichtet: Erstens handelt es sich vorwiegend um politische oder ideologiekritische Essays, die nicht so recht in den Zusammenhang der hier erscheinenden Aufsätze und Interviews passen würden. Allzu sehr quer durchs Gemüsebeet möchte ich Freund und Feind nun doch nicht führen. Zweitens handelt es sich teilweise um (ein bißchen hochstilisierte) Kabbeleien, die heute wohl niemanden mehr in Erregung versetzen dürften. Drittens sind sie durchweg in eben dem geschwollenen Imponiergehabe abgefaßt, das mir heute an die Nieren geht, und die Vorstellung, sie könnten wieder gelesen werden, läßt mich sanft erröten.

Heidelberg, im Mai 1982   *Hans Peter Duerr*

Vorwort zur erweiterten Neuausgabe

Das Büchlein erscheint in der Neuausgabe um einen kleinen Essay und um zwei Interviews, die ich anläßlich der Publikation meines Buches *Sedna oder Die Liebe zum Leben* gegeben habe, erweitert.

Heidelberg, im Mai 1985   *Hans Peter Duerr*

In Defence of Paul Feyerabend* (1973)

All port durch suchen wir und gstad
Wir faren umb mit grossem schad
Und künnent doch nit treffen wol
Den staden do man lenden sol
Unser umbfaren ist on end
Dann keyner weiß wo er zu lend

Sebastian Brant

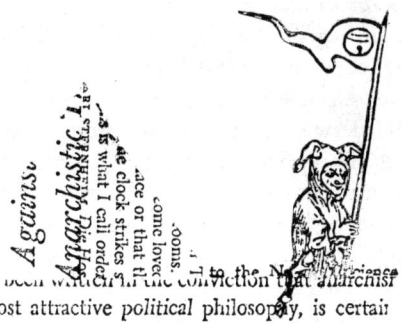

Against Method. Outline of an anarchistic theory of knowledge... ...is what I call order... ...ace or that the clock strikes... ...come lover... ...ooms. ...to the N... ... cience

The following essay has been written in the conviction that anarchism, while perhaps not the most attractive *political* philosophy, is certain xcellent foundation for epistemology, and for the *philosophy of*

reason is not difficult to find.
ry generally, and the history of revolutions in parti
er in content, more varied, more manysided, more
even" the best historian and the best method
Accidents and conjunctures, and curious juxt

* Ich danke der Deutschen Forschungsgemeinschaft für ihre Unterstützung bei meiner Forschung.

Über die Grenzen einer seriösen Völkerkunde oder: Können Hexen fliegen? (1975)

Für Werner Müller

Der zur Familie der Nachtschattengewächse gehörende Stechapfel Datura meteloides enthält einige hochwirksame Alkaloide, vor allem Hyoscyamin, Atropin und Scopolamin. Nachtfahrende Weiber, Schamanen und Zauberer verwendeten ihn einst bei Einweihungsriten, wenn sie mit den Geistern und Dämonen in Verbindung treten wollten oder wenn sie beabsichtigten, eine verirrte Seele aus der Unterwelt zurückzuholen. Manche mexikanischen Indianer nennen ihn heute *yerba de diablo,* Teufelskraut, und gebrauchen damit denselben Begriff wie die christlichen Dämonologen der Renaissance. Während man früher die Auffassung vertrat, die Hexen der Zigeuner hätten ihn nach Europa gebracht, glaubt man mittlerweile eher, er sei von Entdeckungsreisenden aus Amerika importiert worden. Die Nachtfahrenden des Mittelalters benutzten vorzüglich das Schwarze Bilsenkraut, die Tollkirsche (Belladonna), den Blauen Sturmhut und wohl auch alkaloidhaltigen Krötenschleim zur Herstellung ihrer Salben für den Flug zur nächtlichen Zusammenkunft. Vom Sturmhut, der Aconitin, das stärkste Gift der Pflanzenwelt, enthält, hieß es schon in der Antike, er sei aus dem Geifer des Cerberus entstanden, der die Tore zur Unterwelt bewacht. Jean de Nynauld beschreibt in seinem 1596 in Löwen erschienenen Buch »De la Lykanthropie, transformation et extase des sorciers« drei Arten solcher Salben. Die erste läßt einen glauben – nachdem man den Körper bis zum Rotwerden eingerieben hat –, daß man in die Lüfte gehoben worden sei (die mittelalterlichen Mystiker sprachen in einem solchen Falle von »Levitation«), durch die zweite Salbe führt der Teufel die Hexen über Berg und Tal zum Sabbat, und durch die dritte erfolgt die Umwandlung des Zauberers in einen Werwolf, aber auch in Tiere von geringerer Gefährlichkeit wie Katzen und Elstern.

Vielleicht verwendeten die germanischen Berserker den Fliegenpilz *(Amanita muscaria)*, der nach Spekulationen einiger Forscher auch von den Mänaden im Schwarme des Dionysos oder von den Mysten der Eleusinischen Mysterien eingenommen wurde, um sich mit Demeter zu identifizieren, die nach dem Trank des *kykeon* die Reise in den Hades angetreten hatte, um ihre geraubte Tochter wiederzufinden.

Die amerikanische Ethnologin Barbara Myerhoff, der ein *maraakáme,* ein Schamane der Huicholes, Ramón Medina Silva *hikuri* (Peyotl) zu essen gab, erzählt, daß sie sich bald auf einem riesigen Baum wiederfand, »dessen Wurzeln bis tief unter die Erde reichten und dessen Äste jenseits der Sichtweite in den Himmel ragten. Dies war der Lebensbaum, die *axis mundi* oder der Weltenpfahl, der die Schichten des Kosmos durchdringt, die Erde mit der Unterwelt und dem Himmel verbindet und von dem aus die Schamanen zu ihren magischen Flügen aufsteigen.« Plötzlich erblickte sie einen roten Farbtupfer, der im Dunkel des Waldes umherhuschte. Der Tupfer kam näher, und sie sah, daß es ein vibrierender Vogel war, der auf einem Felsen vor ihr landete. »Es war Ramón, als Psychopomp, als papagenoartiger Halbmensch, als magischer Vogel, vor Aufregung sprudelnd. Er führte mich zur nächsten Episode, in der ein orakel- und gnomenhaftes Wesen von makabrer Klebrigkeit auftauchte. Ich stellte ihm die Frage, jene, welche mir die ganzen Monate nicht aus dem Kopf wollte. Was bedeuten die Mythen? Es gab mir mit schleimiger Stimme, die mit einer tödlichen Unheimlichkeit verschmolz und meine Ernsthaftigkeit verspottete, die Antwort: die Mythen bedeuten – nichts. Sie bedeuten sich selber…«[1]

Der – laut Time Magazine – peruanische Völkerkundler Carlos Castañeda, der eigentlich nur Material für eine ethnopharmakologische Dissertation suchte und auf diese Weise angeblich in immer nähere Berührung mit einem Zauberer, einem brujo, der Yaqui kam, schildert seine Erlebnisse, nachdem er sich erstmalig mit dem Teufelskraut eingerieben hatte:

»Don Juan starrte mich an. Ich ging einen Schritt auf ihn zu. Meine Beine waren gummiartig und lang, extrem lang. Ich machte noch einen Schritt. Meine Kniegelenke fühlten sich elastisch an wie eine Sprungstange, sie rüttelten und vibrierten und zogen sich federnd zusammen. Ich bewegte mich vorwärts. Die Bewegung meines Körpers war langsam und bebend, sie war mehr wie ein Zittern nach vorne hin und in die Höhe. Ich blickte hinunter und sah Don Juan unter mir, weit unter mir sitzen. Der Schwung trug mich noch einen Schritt vorwärts, und dann setzte ich ab. Ich erinnere mich, daß ich noch einmal runterkam, dann stieß ich mich mit beiden Füßen ab, sprang rückwärts und glitt auf meinen Rücken. Ich sah den dunklen Himmel über mir und wie ich die Wolken hinter mir ließ. Ich rückte meinen Körper so zurecht, daß ich hinuntersehen konnte. Ich blickte auf das schwarze Massiv der Berge. Meine Geschwindigkeit war außerordentlich. Meine Arme lagen fest an meinem Körper, und mit dem Kopf gab ich die Richtung an. Wenn ich ihn zurückdrehte, bewegte ich mich in vertikalen Kreisen. Die Richtung änderte ich, indem ich den Kopf zur Seite drehte. Ich erlebte solch eine Freiheit und Schnelligkeit wie nie zuvor. Die wundervolle Dunkelheit erfüllte mich mit Trauer, vielleicht mit Sehnsucht. Es war, wie wenn ich einen Ort gefunden hätte, wo ich hingehörte – die Dunkelheit der Nacht. Ich versuchte, um mich zu blicken, aber alles, was ich wahrnahm, war, daß die Nacht klar war, und doch war sie voller Macht. Plötzlich wußte ich, daß es Zeit wurde, wieder hinunterzufliegen, es war, als ob ich einem Befehl gehorchen mußte. Und ich schwebte hinab wie eine Feder in Bewegungen nach jeder Seite.«

Der Göttinger Volkskundler Will-Erich Peuckert, der zusammen mit einem Freund nach einem Rezept aus Giambattista della Portas *Magia naturalis* eine Hexensalbe aus Bilsenkraut, Stechapfel, Sturmhut, Tollkirsche und Mohn hergestellt und eingerieben hatte, berichtet: »Vor meinen Augen tanzten zunächst grauenhaft verzerrte menschliche Gesichter. Dann plötzlich hatte ich das Gefühl, als flöge ich meilenweit durch die Luft. Der Flug wurde wiederholt durch tiefe Stürze unterbrochen. In der Schlußphase schließlich das Bild eines orgiastischen Festes mit grotesken sinnlichen Ausschweifungen.«[2] Auch ein anderer deutscher Volkskundler, der sich eine ähnliche Hexensalbe zunächst in der Herzgegend, dann auf der ganzen Brust einge-schmiert hatte, erzählt:

»Ich schwebte mit großer Geschwindigkeit aufwärts. Es wurde hell und durch einen rosa Schleier erkannte ich ver-schwommen, daß ich über der Stadt schwebte. Die Gestalten, die mich schon im Zimmer bedrückt hatten, begleiteten mich auf diesem Flug durch die Wolken. Immer mehr kamen hinzu und fingen an, um mich herum Reigen zu tanzen. Die Zeit kroch im Schneckentempo dahin, und jede Minute währte eine Ewigkeit.«[3]

Und schließlich berichtet ein amerikanischer Ethnologe: »Plötzlich stand ich vor einem großen Spiegel, und als ich hin-einschaute, starrte mich ein riesiger Jaguar an. Gleichzeitig spürte ich den Jaguarkörper... Ich war in diesem Körper, und ich fühlte ihn, so, wie ich meinen eigenen nie gespürt hatte. Und obgleich ich anscheinend ganz jaguarhaft geworden war, behielt ich noch irgendein infinitesimales menschliches Be-wußtsein.« Einige Stunden später, als er sich wieder in einen Menschen zurückverwandelt hatte, schrieb er auf ein Blatt Pa-pier: »Hätte ich für jemanden, der mich gesehen hätte, wie ein Jaguar ausgesehen? Irgendwie denke ich: ja. Aber ich fühle mich jetzt verpflichtet, hinzuzufügen, ich hätte nur ausgese-hen wie ein dummer Ethnologe, den Halluzinogene aus sei-nem Gehirn geschossen hatten und der wie ein Irrer auf dem Boden herumkrabbelte und idiotische Laute von sich gab.«[4]

Die Frage, die sich einem Teil dieser Wissenschaftler unmit-telbar nach ihren Erlebnissen aufdrängte und die sie in einer gewissen Verlegenheit zurückließ, war: Flogen oder verwan-delten sie sich wirklich, oder bildeten sie sich lediglich ein, daß sie flogen oder sich verwandelten, oder hatten sie unter dem Einfluß des Teufelskrauts und der anderen Drogen nur eine Halluzination, oder aber taten sie etwas, das sich einer Beschreibung mit Hilfe unserer Umgangs- und Wissenschaftssprache schlicht entzieht. Müssen wir hier, in Analogie zu Wittgensteins »Und wenn ein Löwe spräche, wir könnten ihn nicht verstehen« sagen: »Und wenn ein Zauberer sich in eine Krähe verwandelte und flöge, wir könnten ihn nicht sehen«? »Setze also«, schreibt Christoph Martin Wieland, »Zeus erschiene dir unter der Gestalt eines Stiers oder Schwans, so würdest du nicht ihn, sondern einen Stier oder Schwan sehen. Eben dasselbe würde geschehen, wenn Zeus oder Aphrodite sich dir unter menschlicher Gestalt zeigten: du würdest Menschen sehen, nicht Götter.« Begriffe wie die des »sprechenden Löwen«, des »verwandelten Zauberers« oder des sinnesfreudigen Zeus wären danach isolierte Elemente, also solche, die nicht »eingebaut« wären in einer Lebensform, die diesen Elementen erst einen Sinn gäbe.

»Ich habe mich in eine Krähe verwandelt« – das wäre die Schraube eines Mechanismus, die sich drehte, ohne irgendeinen anderen Teil des Mechanismus mitzudrehen. Wir hätten bestenfalls die Illusion eines Sinnes, weil wir nicht überblickten, wie solche Sätze verwendet würden, wie sie in eine Lebensform »eingriffen«, in anderen Worten, welchen Unterschied es machte, ob man derartige Sätze äußerte oder nicht. So wie sie dastehen, wären sie auf alle Fälle noch »otios«, vergleichbar gewissen Sätzen der metaphysischen oder theologischen Tradition. Und auf die Frage: Engel – gibt's die? – ließe sich nur antworten: wen?

Daß es einen solchen Gebrauch geben *kann*, hätte Wittgenstein wohl nie bestritten. Was er hingegen in Frage stellt, das ist der Sinn einer Übertragung, einer Übersetzung, der Verpflanzung fremder Sinnelemente in unseren eigenen Lebenszusammenhang. Der englische Anarchist und Ethnologe Radcliffe-Brown pflegte von den viktorianischen Ethnologen zu sagen, sie seien nach der Maxime vorgegangen: »Wenn ich ein Pferd wäre, dann würde mir das Gras nicht schmecken.« Verstehen wäre danach etwas ganz anderes als Übersetzen, es wäre nicht die Zurückführung des Fremden auf ein Bekanntes, keine *anamnesis*, vielmehr das Ergebnis der Initiation in eine fremde Lebensform.

Eine solche Initiation beabsichtigten etwa die indianischen Zauberer mit Castañeda und Barbara Myerhoff.[5] Sie versuchten weniger, den Ethnologen neue, unerhörte Ereignisse zu zeigen, vielmehr sie von einer bestimmten Betrachtungs- und Wahrnehmungsweise abzubringen. Das Teufelskraut hatte dabei vor allem die Aufgabe – und einige Ideologen wie beispielsweise Timothy Leary scheinen das niemals verstanden zu haben –, die Seele frei von Vorurteilen und damit bereit zu machen für das Sehen. Das Teufelskraut ist nur ein Weg, ein Weg unter vielen. Ein Weg in den Initiationstod. Doch der Tod hat keine Geheimnisse. Im Siebenten Siegel Ingmar Bergmanns heißt es: »Der Tod ist unwissend.« Auf die Frage Castañedas, warum er ihm denn gerade solche »power plants« gegeben habe, antwortete der Indianer: »Weil du blöd bist!«

Und so verhielt er sich nicht wie ein Ethnologie-Professor, sondern eher wie die Zen-Buddhisten, die ihren Jüngern auf die Frage nach dem Wesen der »nicht-entzweiten Wirklichkeit« die Nase herumdrehen oder sie ins Wasser stoßen.

»Ich wollte ihn noch etwas fragen. Ich wußte, daß er ausweichen würde, darum wartete ich, bis er das Thema anschnitt. Ich wartete den ganzen Tag. Bevor ich an diesem Abend wegfuhr, mußte ich ihn schließlich fragen: Bin ich wirklich geflogen, Don Juan?

Das hast du mir doch gesagt, oder nicht?

Natürlich, Don Juan. Ich meine, ist mein Körper geflogen? Bin ich wie ein Vogel davongeflogen?

Du stellst mir immer Fragen, die ich nicht beantworten kann. Du bist geflogen. Dafür ist ja der zweite Teil des Teufelskrauts da. Wenn du öfter davon nimmst, wirst du das Fliegen ganz beherrschen. Es ist keine so einfache Sache. Ein Mensch fliegt mit Hilfe des zweiten Teils des Teufelskrauts. Das ist alles, was ich dir sagen kann. Was du wissen willst, hat keinen Sinn. Vögel fliegen wie Vögel, und ein Mensch, der Teufelskraut genommen hat, fliegt auch so (el enyerbado vuela asi).

Wie die Vögel fliegen? (Asi como los pajaros?)

Nein, er fliegt wie ein Mensch, der das Kraut genommen hat (no, asi como los enyerbados).

Dann bin ich nicht wirklich geflogen, Don Juan. Ich bin in meiner Vorstellung geflogen, nur in Gedanken. Wo war mein Körper?

In den Büschen, erwiderte er scharf, aber gleich begann er wieder zu lachen. Die Sache mit dir ist, daß du die Dinge nur auf eine Art verstehst. Du glaubst nicht, daß ein Mensch fliegt. Und doch kann ein brujo in Sekundenschnelle tausend Meilen zurücklegen, um zu sehen, was vor sich geht. Er kann seinen Feinden auf große Entfernung einen Schlag versetzen. Nun, fliegt er also, oder fliegt er nicht?

Wirklich, Don Juan, du und ich, wir sehen die Dinge verschieden. Angenommen, um nur ein Beispiel zu nennen, einer, mit dem ich studiere, wäre hier bei mir gewesen, als ich das Teufelskraut nahm. Wäre es ihm möglich gewesen, mich fliegen zu sehen?

Da bist du wieder mit deinen Fragen, was würde geschehen, wenn... Es hat keinen Sinn, so zu reden. Wenn dein Freund den zweiten Teil des Krautes nimmt, bleibt ihm nichts anderes übrig, als zu fliegen. Wenn er dich also nur beobachtet hätte, so hätte er dich vielleicht fliegen sehen oder auch nicht. Das hängt von ihm selbst ab.

Aber ich meine, Don Juan, wenn du und ich einen Vogel fliegen sehen, dann sind wir uns darüber einig, daß er fliegt. Aber wenn zwei meiner Freunde mich hätten fliegen sehen, wie ich es heute nacht tat, hätten sie dann beide geglaubt, daß ich geflogen bin?

Ja, vielleicht. Du glaubst, daß Vögel fliegen, weil du gesehen hast, wie sie fliegen. Fliegen ist eine bekannte Sache bei Vögeln. Aber du stimmst nicht anderen Dingen zu, die Vögel tun, weil du sie niemals bei Vögeln gesehen hast. Wenn deine

Freunde von Menschen wüßten, die mit dem Teufelskraut fliegen, dann wären sie sich einig.

Ich will's noch anders ausdrücken, Don Juan. Ich wollte sagen, wenn ich mich mit einer schweren Kette an einem Felsen festgemacht hätte, wäre ich dann genauso geflogen, weil mein Körper nichts mit meinem Fliegen zu tun hatte?

Don Juan sah mich kopfschüttelnd an. Wenn du dich an einen Felsen kettest, sagte er, dann, so fürchte ich, wirst du mit einem Felsen an seiner schweren Kette fliegen müssen.«

Das Problem Castañedas ist also: Wie soll er das Erlebnis, das er hatte, interpretieren? Einerseits scheint klar zu sein, daß er nicht geflogen ist in der Weise, wie das die Vögel tun, vielmehr *asi como los enyerbados,* so, wie eben einer fliegt, der sich mit Teufelskraut eingerieben hat. Doch damit ist nicht viel gesagt. Denn was sollen wir in diesem Fall unter »fliegen« verstehen? Für die meisten Wissenschaftler, die unserer Zivilisation angehören, wäre es sicher ein leichtes, hierauf zu antworten. Für sie ist ein Voodoo-Priester nicht von einem fremden Geiste besessen, vielmehr leidet er unter einer »Persönlichkeitsdissoziation«, oder er stellt einen interessanten Fall von »multipler Persönlichkeit« dar, wie ihn der Psychopathologe Morton Prince beschrieben hat. In diesem Sinne behauptet etwa ein bedeutender Vertreter der Ethnopsychiatrie, George Devereux: »Primitive religion and in general ›quaint‹ primitive areas are organized schizophrenia.«[6]

Danach hätten die zitierten Ethnologen und Volkskundler nur die Vorstellung gehabt, sie flögen, Opfer von Halluzinationen, die sie als solche nicht durchschauten. Zu einer derartigen Auffassung gelangten bereits in der Renaissance einige Erforscher des Hexenwesens, vor allem Giambattista della Porta aus Neapel. Hatte noch im Jahre 1508 der bekannte Fastenprediger Johann Geiler von Kaisersberg gepredigt:

»Das ist eine gewisse regel in der matery / das der teuffel kann ein ding von einem ort an das ander tragen / das leiplich ist (per motum localem) / durch die angeschöpffte stercke / die er hat von got dem allmechtigen. Daher kummet es / das ein böser geist kan einen grossen felsen ertragen als ein fögelin. Daher kummet es / wan ein hex uff ein gabel sitzt und salbet die selbig und spricht die wort / die sie sprechen sol / so fert sie dan dahin / wa sie numen wil …«[7]

So berichtet Porta in seiner *Magia naturalis:*

»Als ich nun solchen dingen mit gantzem fleiß ein scharpffes nachgedencken hat (denn daß ich eben die warheit bekenn vn verjähe / so hab ich selbst in der sach gezweifelt) ist mir eine alte Vettel an die hand gestossen (dere nemlich eine / welche in Lateinischer Zungen einem Nachtuogel nach / derweil sie / als man vermeint / den jungen kindern nächtlicher weise das Blut außsaugen / Stryges genent werden) die hat mir freywilliglichen zugesagt vnnd versprochen / sie wölle mir in eyl vber meine frage guten bescheid bringen / Heisset derhalben mich vn alle die so mir waren / hinaußgehen. Nach dem sie nun außgezoge / hat sie sich gantz vnd gar / ich weiß nicht mit was Salbe / geschmiert / welches vns den durch ein spaltlein der Thüren wohl ist zusehen gewest. Also ist sie auß krefftiger wirckung der schlaffendmachenden Salben zu boden gefallen / vnnd in einen tieffen schlaff versuncken. Wir aber sind zugefahren / die Thür geöffnet / vnd jr die haut ziemlich erbehrt. Aber so hert hat sie geschlaffen / daß sie es nit vmb ein haar empfunden hette. Nach solchem sind wir widerumb hinauß gewichen / der sachen weiters außwarten wölle. So bald nun der salbung krafft nachgelassen / ist sie eins mals erwachet / vnd viel seltzamer stemponeyen / wie sie vber Berg vnd thal gefahren sey / erzelet. wir verneineten es / sie wolt recht haben / wir wiesen jhr die streich / aber es war verlorn / in summa / es war bey ihr all vnser fürnemen vnd handeln nicht anderst / denn als der in einen kalten ofen blast.«[8]

Wie will man freilich a priori ausschließen, daß ein Erlebnis wie das Castañedas, innerhalb einer anderen Lebensform, etwa der indianischer Zauberer, sibirischer Schamanen oder mittelalterlicher Hexen, einen ganz anderen »Stellenwert«, also eine ganz andere Bedeutung hat? Eine Bedeutung, die zu verstehen darauf hinausliefe, eine langwierige, dramatische und vor allem gefährliche Initiation durchzumachen, aus der ein abendländischer Ethnologe wohl kaum mehr als derselbe zurückkehren dürfte? Man sollte hier vielleicht nicht soweit gehen, eine prinzipielle Inkommensurabilität der Beschreibungen zu behaupten, die der Indianer einerseits, der Ethnologe andererseits geben.[9] Denn eine solche radikale Unvergleichbarkeit hätte zur Folge, daß gar nicht mehr gesagt werden könnte, man habe ganz verschiedene Beschreibungen derselben Sache, desselben Erlebnisses vor sich, also in unserem Falle dessen, was in der einen Sichtweise eine bestimmte Erfahrung der Wirklichkeit, in der anderen eine von der Psychologie zu erklärende Halluzination darstellt. Den verschiedenen Lebensformen entsprächen im wortwörtlichen Sinne verschiedene Wirklichkeiten, die sich in jenen »zeigten«, um diesen Wittgensteinschen Begriff zu verwenden.* Bestimmte zudem jedes Weltbild vollständig die Erfahrung, dann spräche jedes Weltbild letzten Endes nur über sich selber und wäre, wie Adorno von der »Identitätsmetaphysik« sagte, ein einziges riesiges analytisches Urteil. Tat tvam asi.

Viel eher scheint hier das Wittgensteinsche Bild des Fadens angebracht zu sein: Wie sich die Fasern eines Fadens überlappen, ohne daß sich ein Faden durch den Faden zöge, der die einzelnen Fasern miteinander verbände, so überlappen sich wohl die verschiedenen Lebensformen, ohne daß es eine Meta-Lebensform geben müßte, die den letzten Grund der einzelnen Weltbilder abgäbe.

Um die Unterschiede zwischen Welterfahrungen deutlich zu machen, hatte sich bereits der amerikanische Philosoph und Flieger Norwood Russell Hanson des Wittgensteinschen »Entenhasen«, des »gestalt-switchs« bedient. Auf den ersten Blick sehen wir, vielleicht wenn wir gerade Ostern haben, ei-

---

* Paul Feyerabend schreibt mir bezüglich dieser Stelle in einem Brief vom Mai 1979: »Mit der Inkommensurabilität hab' ich es nicht ganz so gemeint, wie Du sagst; nicht daß man sich aus einem Lebenssystem nicht in ein anderes hinüberbewegen kann, oder daß man sie nicht vergleichen kann, sage ich, sondern, daß man sie nicht *nach Art der Rationalisten* vergleichen kann.« Wenn es sich so verhält, habe ich an Feyerabends Konzeption nichts auszusetzen.

nen Hasen, auf den zweiten eine Ente. Die Zeichnung hat sich nicht geändert. Geändert hat sich, was wir sehen. Und nun können wir schlecht sagen: Aber in Wirklichkeit ist es ein Hase, die Ente ist nur eine Illusion. Gibt es eine Antwort auf die Frage: »Aber was ist es nun wirklich?« Nun, so könnte man erwidern, es ist etwas, das wir als Hasen und als Ente sehen können. Aber natürlich sahen wir zunächst einen Hasen und dann eine Ente oder umgekehrt. *Als* Hasen oder *als* Ente sehen wir es eventuell erst dann, wenn wir beide Aspekte gesehen haben. Wenn wir andere Menschen sehen, dann sehen wir keine Körper *als* Menschen, vielmehr sehen wir Menschen. In Wirklichkeit ist dies eben ein – Entenhase.

Sahen Tycho de Brahe und Kopernikus, als sie auf die Sonne blickten, etwa Verschiedenes, weil sie verschiedene wissenschaftliche Ansichten über diesen Himmelskörper hatten? In anderen Worten: Bezogen sich Tycho und Kopernikus auf zwei verschiedene Gegenstände? Es schiene etwas weit hergeholt, wollte man diese Frage bejahen. Sagten wir von jemandem, der auf die Sonne blickt und dabei nicht weiß, daß er auf die Sonne blickt, er sehe deshalb nicht die Sonne, so hätte es kaum einen Sinn, auf die Sonne zu deuten, um dem Betreffenden zu erklären, daß dies die Sonne mit den und den Eigenschaften sei.

Es ist klar, daß ein Laie für gewöhnlich nicht weiß, daß er einen so und so bestimmten Vorgang in einem physikalischen Laboratorium sieht. Aber wir – oder genauer gesagt, der Physiker – wissen bzw. weiß es. Mag sich auch die Wahrnehmung des Laien von der Wahrnehmung des Physikers unterscheiden – ein solcher Unterschied ist ja die Bedingung einer wissenschaftlichen Reduktion –, so werden wir trotzdem sagen, daß beide denselben Vorgang sehen.

Nun mag man dies für das historische Beispiel aus unserem eigenen Kulturkreis zugestehen und davon reden, daß beide denselben Gegenstand sehen. Aber was, so ließe sich fragen, entspricht der Sonne im Falle unseres Beispiels des Fluges und der Halluzination des Fluges?

Eines scheint wiederum deutlich zu sein: Fragt der indianische Zauberer den Ethnologen während der Initiation, was er erlebt habe, so weiß er, daß sich Castañeda auf etwas bezieht, das er, Castañeda, für eine Halluzination und er selber für Wirklichkeit hält.

Aufgrund welcher Kriterien aber können wir entscheiden, wer recht hat? Denn – so wird man sagen – ein Erlebnis kann zwar in dieser und in jener Weise beschrieben werden, aber es kann nicht zugleich eine Halluzination und eine Wirklichkeitserfahrung sein, wenn der Begriff »Halluzinationen« im Gegensatz zum Begriff der »Wirklichkeitserfahrung« definiert ist! Zu Beginn der dreißiger Jahre, also lange vor Quine und L. Foss, hatte K. Ajdukiewicz eine These wiederholt, die schon Salomon Maimon gegen das Unternehmen einer »transzendentalen Deduktion« vorgebracht hatte, daß nämlich »alle Urteile, die wir annehmen, und die unser ganzes Weltbild ausmachen, durch die Erfahrungsdaten noch nicht eindeutig bestimmt (seien), sondern von der Wahl der Begriffsapparatur ab(hingen).«[10]

Anders ausgedrückt: Unsere Auffassungen von der Wirklichkeit sind durch die Wirklichkeit »unterdeterminiert« – die Erfahrung sagt mitunter nicht von sich selber, *was* sie sei, ein Erlebnis sagt nicht über sich selber aus, daß es eine Halluzination oder keine sei. Die Erfahrung kann also selber nicht als Richterin auftreten.

Was nun die Erfahrungen von Zauberern und Hexen angeht, so wird der verwegenere Teil der Ethnologen und Volkskundler, der bei den Hexen in die Lehre geht, kaum jenen Kritikern Feyerabends recht geben können, die der Auffassung sind, der Hexenglaube sei doch wohl deshalb verschwunden, weil solche »Flüge«, »Tierverwandlungen« usw. eben nicht zu den »stabilen« Erfahrungen gehörten, sondern »Gebilde, wenn nicht des Wahns, so doch der Theorie seien«.[11] Wenn einen auch die Behauptung Feyerabends, es habe im Mittelalter Menschen gegeben, die die subjektiv und objektiv beglaubigte Fähigkeit besaßen, sich in Tiere zu verwandeln,[12] auf dem Trockenen läßt, weil er nicht auf die Frage eingeht, was denn unter dem Begriff »Verwandlung« zu verstehen (oder zumindest: nicht zu verstehen) ist, so scheint es auf alle Fälle richtig zu sein, daß es die Hexen mit »stabilen« Phänomenen zu tun hatten.

Setzen wir in unserem Falle voraus, daß der Zauberer und der Ethnologe eine residuale Erfahrung und »some residual descriptive language«[13] gemeinsam haben – der Ethnologe also nicht die »logische Grammatik« von Begriffen verwechselt wie jener, der glaubte, die Begriffe »Hähnchengrill« und »Fegefeuer« bezögen sich auf vergleichbare Gegenstände –, so läßt sich aufgrund dieser Erfahrung selber keine Entscheidung darüber treffen, welche Beschreibung nun die wahre sei. Vielleicht liegt dann ein Fall vor, den in der Antike die pyrrhonischen Skeptiker sahen, die allerdings den Fehler begingen, ihn zu verallgemeinern und zu sagen, daß bei *jedem* Urteil genausoviel dafür wie dagegen spreche.

Austin hat einmal darauf hingewiesen, daß es auch in der Umgangssprache bisweilen solche Fälle der Unentscheidbarkeit gibt. So gebe es beispielsweise Gründe, die Erinnerung, aber auch die körperliche Kontinuität als Kriterium der persönlichen Identität anzuerkennen. Und so könnten sich ohne weiteres Grenzfälle – etwa Kafkas Gregor Samsa – ergeben, in denen es unmöglich wäre, sich eindeutig dafür zu entscheiden, ob dies nun derselbe oder schon ein anderer sei. Das Wichtige daran ist wiederum, daß diese Unentscheidbarkeit nicht durch eine Unkenntnis der relevanten Tatsachen zustande kommt. »Nur in normalen Fällen«, schreibt Wittgenstein, »ist der Gebrauch der Worte uns klar vorgezeichnet; wir wissen, haben keinen Zweifel, was wir in diesem oder jenen Fall zu sagen haben. Je abnormaler der Fall, desto zweifelhafter wird es, was wir hier nun sagen sollen.« Vielleicht meinen die amerikanischen Philosophen Quine und Kuhn etwas Ähnliches, wenn sie sagen, daß im Falle verschiedener Weltbilder die Wahrheitsfrage mitunter nicht entschieden werden könne, und manchem Ethnologen mag es mitunter so gehen wie demjenigen, der sich auf seinem ersten LSD-Trip die Frage stellt, ob er nun auf dem Trip oder zum ersten Mal in seinem Leben vom Trip runtergekommen sei.

»Nein!« schrie Schwarzhaar auf, »mein Kopf ist wie eine Schale, die überläuft. Laß uns das Ziel erreichen, ehe mich die Angst erwürgt!« – »Ziel?« lachte da der oberste Herrscher, »hier gibt es kein Ziel, weder einen Anfang noch ein Ende. Aber in deinem Mund steckt noch ein Stück vom Schwanz der Gefiederten Schlange der Zeit!« – »Was soll ich mit diesem Schwanzende tun?« fieberte Schwarzhaar. »Stoß es aus!« – »Das ist meine Zunge!« wehrte sich Schwarzhaar. »Darum!« sagte der Herrscher, »sie formt Worte, die hier nichts mehr gelten und dir Angst bereiten!«[14]

Angenommen wir akzeptierten diese Schlußfolgerung – wäre dies nicht eine Art ethnologischer oder philosophischer Sündenfall? Denn, so hat man geltend gemacht, zum Kriterium für Erkenntnis tauge nur etwas, von dem man nicht zumal meinen könne, »es stehe frei, sich je nach Handlungszielen dafür oder auch dagegen zu entscheiden«. Von Erkenntnis könne man nur dort reden, wo man sich »der Freiheit, es für so oder anders beschaffen zu halten, beraubt« sehe.[15] Ich möchte sagen: ja, das ist der Sündenfall. Der russische Anarchist Michail Bakunin sagte freilich einmal, der Sündenfall sei ja gar nicht so schlimm. Im Gegenteil, er sei die Geburtsstunde der Menschheit.[16] In anderen Worten: warum sollte unsere Erkenntnis so keimfrei sein? Können wir uns nicht leicht vorstellen, daß wir etwas für eine wohlbegründete Erkenntnis halten, obgleich wir die Grenzen dieser Erkenntnis übersehen können? Das muß nicht gleichbedeutend damit sein, daß wir, wie es die alten Ägypter taten, auf einer Reise sofort die Götter der fremden Stadt anbeten. Doch wir sollten uns einer solchen Möglichkeit auch nicht von vornherein berauben.

Aber gibt es keine logische Grammatik, die die Grenzen festlegt, innerhalb deren nur sinnvollerweise behauptet und bezweifelt werden kann? »Die Farben Grün und Blau können nicht gleichzeitig an derselben Stelle sein.« Dies ist ein Mustersatz für Unbezweifelbarkeit in der philosophischen Tradition bis Wittgenstein. »›Ich kann mir das Gegenteil nicht vorstellen‹«, schreibt Wittgenstein, »heißt hier natürlich nicht: meine Vorstellungskraft reicht nicht hin. Vielmehr wehren wir uns mit diesen Worten gegen etwas, was uns durch seine Form einen Erfahrungssatz vortäuscht, aber in Wirklichkeit ein grammatischer Satz ist…« Aber ist diese Grammatik vergleichbar einem Flußlauf, der sich tief in Granit eingefressen hat, so daß die Landschaft ertrinken würde, sollte der Granit einst brechen? Eine solche Katastrophe befürchtete Wittgenstein zeit seines Lebens, und die Schatten des Wahnsinns trieben ihn zur Philosophie. »Man könnte einem«, schreibt er, »der gegen die zweifelsfreien Sätze Einwände machen wollte, einfach sagen: ›Ach Unsinn!‹ Also nicht ihm antworten, sondern ihn zurechtweisen.« Nun ist freilich jener Farbsatz, den Wittgenstein als Beispiel anführt, nicht a priori wahr, sondern a posteriori falsch, wie psychologische, also empirische Forschungen nachweisen. Unter gewissen Bedingungen schlafen zwar nicht gerade »colourless green ideas furiously«, aber wir können Grün und Blau zum selben Zeitpunkt an derselben Stelle sehen, auch wenn es uns schwerfallen mag, dies vorzustellen. Zwar bleibt es sicherlich immer noch irreführend, eine logische Grammatik mit einer wissenschaftlichen Theorie zu vergleichen, wie es in der amerikanischen philosophy of science weithin üblich ist. Aber es zeigt sich, daß eine solche Grammatik an Erfahrungen, die wir machen, scheitern kann. Und an dieser Stelle zeigt sich auch das, was der indianische Zauberer bezüglich Wittgenstein zu Castañeda sagte: »Er hat sich den Strick zu eng um den Hals gelegt, nun kann er nirgends mehr hin.« In anderen Worten: Ziehen wir die Maschen der Grammatik zu eng, denken wir zuwenig lässig, zu »straight«, glätten wir die ausgefransten Stellen unserer Lebensform, auf daß nur keiner, wie Homer sagt, vom Lotos essend vergäße der Heimat, dann hören wir nicht einmal mehr die Stimme, die uns sagt: »Der große Pan ist tot.«

Intellektuelle, die sich trotz ihres Studiums eine bewegte Phantasie bewahrt haben, mögen vielleicht der Meinung sein, daß sich Lebensformen leicht wandeln können oder daß es sich in verschiedenen Lebensformen leicht wandeln läßt, und einige denken sich möglicherweise, sie könnten so leicht eine Hexe werden, wie sie früher einmal Marxist geworden sind. »An absolute presupposition«, stellte indessen einmal Collingwood fest, »is not a ›dodge‹, and people who ›start‹ a new one do not start it because they ›like‹ to start it... Such a change... cannot be a matter of choice. Nor is there anything superficial or frivolous about it. It is the most radical change a man can undergo, and entails the abandonment of all his most firmly established habits and standards for thought and action.«[17]

»Wie beschützt Mescalito die Menschen?« fragt Castañeda den Zauberer. »Er gibt Rat. Er beantwortet alle Fragen, die du ihm stellen magst.« – »Dann ist Mescalito also real? Ich meine, er ist etwas, was man sehen kann?«

Er schien durch meine Frage vor den Kopf gestoßen zu sein. Mit bestürztem Ausdruck sah er mich an.

»Was ich sagen wollte, ist, daß Mescalito...«

»Ich habe wohl gehört, was du gesagt hast. Hast du ihn gestern abend nicht gesehen?«

Ich war versucht, ihm zu sagen, daß ich nur einen Hund gesehen hatte, aber ich bemerkte sein verblüfftes Gesicht.

»Dann glaubst du also, daß das, was ich gestern abend sah, er war?«

Don Juan blickte mich mit Geringschätzung an. Er gluckste in sich hinein, schüttelte den Kopf, als ob er's nicht glauben könne, und fügte in einem herausfordernden Ton hinzu:

»A poco crees que era tu – mamá?«

»Sag mir bloß nicht, du glaubst, es war deine Mama!«

Anmerkungen

1 B. G. Myerhoff: *Peyote Hunt,* Ithaca 1974, S. 42.

2 W.-E. Peuckert: »Über das deutsche Hexenwesen« in J. C. Baroja: *Die Hexen und ihre Welt,* Stuttgart, 1967, S. 316f. Cf. auch E. Richter: »Der nacherlebte Hexensabbat«, *Forschungsfragen unserer Zeit* 1960, S. 97. (Anm. 1981: Cf. auch W. Mrsich: »Erfahrungen mit Hexen und Hexensalbe«, *Unter dem Pflaster liegt der Strand* 5, 1978.)

3 S. Ferckel: »Hexensalbe und ihre Wirkung«, *Kosmos* 1954, S. 415, ferner G. Schenck: *Schatten der Nacht,* Ulm 1964, S. 167f.

4 Zit. n. R. E. L. Masters/J. Houston: *The Varieties of Psychedelic Experience,* New York 1966, S. 76ff.

5 (Anm. 1981: Die Authentizität der Texte Castañedas ist inzwischen mit guten Gründen angezweifelt worden. Cf. R. de Mille: *Castañeda's Journey,* Santa Barbara 1976, H. P. Duerr: *Traumzeit,* Frankfurt/M. 1978, H. Sebald: *Witchcraft. The Heritage of a Heresy,* New York 1978, S. 199, R. de Mille: *The Don Juan Papers,* Santa Barbara 1980, sowie ders.: »Lotteriges Gerede über Castañeda« in *Der Wissenschaftler und das Irrationale,* Bd. I, ed. H. P. Duerr, Frankfurt/M. 1981.)

6 G. Devereux: »A Sociological Theory of Schizophrenia«, *Psychoanalytical Review* 1939 und ders.: *Angst und Methode in den Verhaltenswissenschaften,* München 1973, passim. Cf. auch W. La Barre: *The Ghost Dance,* London 1972, S. 321.

7 Zit. nach J. Hansen: *Quellen und Untersuchungen zur Geschichte des Hexenwahns,* Bonn 1901, S. 288.

8 Zit. n. J. Weier: *Von den Teuffeln/Zaubrern/Schwartzkünstlern/ Teuffelsbeschwerern/Hexen oder Vnholden vnd Gifftbereitern,* Frankfurt/M. 1575, S. 433ff. Cf. auch A. Augustinus: *Hipponensis Episcopi Operum,* Bd. IX, Rom 1797, S. 659, A. Lercheimer: *Christlich bedencken vnd erinnerung von Zauberey,* Speyer 1597, S. 116ff., F. Bacon: *The Works,* Bd. II, London 1876, S. 642f., N. Malebranche: *Œuvres complètes,* Bd. I, Paris 1837, S. 92.

9 Während mittlerweile T. Kuhn (»Comment on Bohm« in *The Structure of Scientific Theories,* ed. F. Suppe, Urbana 1974, S. 410) eine solche extreme These nicht mehr zu vertreten scheint, behält Feyerabend sie bei.

10 K. Ajdukiewicz: »Das Weltbild und die Begriffsapparatur«, *Erkenntnis* 1934, S. 259, sowie heute W. V. O. Quine: *Ontological Relativity,*

New York 1969, S. 48 f. und L. Foss: »Does Don Juan Really Fly?«
Philosophy of Science 1973, S. 314 f.

11 L. Krüger: »Wissenschaftliche Revolutionen und Kontinuität der Erfahrung«, *Neue Hefte für Philosophie* 1974, S. 6.

12 P. Feyerabend: »Die Wissenschaften in einer freien Gesellschaft« in *Wissenschaftskrise und Wissenschaftskritik*, ed. W. C. Zimmerli, Basel 1974, S. 115. Spätestens an dieser Stelle flippen Feyerabends Kollegen endgültig aus. Cf. die Reaktion des sonst so witzigen E. Gellner: »Beyond Truth and Falsehood«, *British Journal for the Philosophy of Science* 1975, S. 342.

13 J. Margolis: »Notes on Feyerabend and Hanson« in *Minnesota Studies in the Philosophy of Science*, ed. M. Radner/S. Winokur, Minneapolis 1970, S. 195.

14 G. Schäfer/N. Cuz: *Im Reiche des Mescál*, Bremen 1968, S. 32.

15 L. Krüger: »Überlegungen zum Verhältnis wissenschaftlicher Erkenntnis und gesellschaftlicher Interessen« in *Materialien zu Habermas' ›Erkenntnis und Interesse‹*, ed. W. Dallmayr, Frankfurt/M. 1974, S. 209 bzw. 211.

16 M. Bakunin: *Gesammelte Werke*, Bd. I, Berlin 1975, S. 96.

17 R. C. Collingwood: *An Essay on Metaphysics*, Oxford 1940, S. 120 ff. Cf. auch G. Simmel: *Die Religion*, Frankfurt/M. 1912, S. 17 f.

Fröhliche Wissenschaft (1977)

> Diese wollen Würfel spielen und jene wollen
> rechnen und zählen und jene wieder wollen
> immer Wellen und Tänze der Wellen sehen –
> sie nennen's Wissenschaft und schwitzen da-
> bei. Aber es sind Kinder, die ihr Spiel wollen.
> Und wahrlich, es ist eine schöne Kinderei,
> und etwas Lachen würde dem Spiele nicht
> schaden.
>
> *Nietzsche*

Ich glaube, daß Ethnologen und andere Wissenschaftler wie
beispielsweise Psychiater oder Parapsychologen leicht Erfahrungen machen können, bei deren Beschreibung unsere Wis-
senschafts- und Umgangssprache die Flügel hängen läßt, Erfahrungen, die auftreten können, wenn wir etwa ernsthaft
(oder auch fröhlich) versuchen, zum Sabbat zu fliegen, uns in
einen Werwolf zu verwandeln, mit Blumen zu reden oder aus
der Zeit zu springen, Bergen zuzuhören, wenn sie uns etwas
zu sagen haben, oder wenigstens ihr Schweigen zu verstehen,
wenn es ihnen vor so viel Wissenschaft die Sprache verschlägt.
Ich habe vor einigen Tagen im Zug von Zürich nach Heidelberg mit einem Japaner einen Joint geraucht, und er erzählte
mir, daß er in die Schweiz gefahren war, um einen Berg zu be-
steigen. Ich fragte ihn, ob die Berge dort reden könnten, und
er sagte: »Sie reden und sie reden nicht.« Ich glaube, er wollte
mir sagen, daß die Berge zwar nicht so reden, wie die Menschen reden, etwa Schwyzerdütsch oder Japanisch, sondern
sich auf eine Weise verständlich machen, die, wenn wir das
Wort »reden« nicht allzu eng definieren, durchaus mit »reden« bezeichnet werden kann. Vor einiger Zeit habe ich vor
einer Gruppe von Berufsphilosophen (unter ihnen der schön-
ste Mann von Konstanz) einen etwas deplazierten Vortrag
über Schamanen und Zauberer gehalten, und sie sagten mir
(sinngemäß auf die Berge übertragen): Entweder der Berg redet, so wie wir alle reden (also im Idealfall wie Prof. Paul Lo-
renzen in Erlangen), oder aber er redet nicht, dann tut er et-

was, was *uns* (als Philosophen auf H4-Stellen) nicht betrifft. Manche Wittgensteinianer argumentieren ähnlich. Sie sagen: es gibt den Tag, und die Sonne bringt es an den Tag. Und was im Dunkel bleibt, das braucht uns nicht zu interessieren. So wie der Tod: wo *du* bist, ist *er* nicht, und wo *er* ist, bist *du* nicht, ihr könnt euch nie begegnen. Aber es gibt bekanntlich auch die Dämmerung, insbesondere an Orten, wo Fuchs und Hase sich gute Nacht sagen, wo die Konturen miteinander verschwimmen und wo die Bereiche ineinander übergehen: an der Grenze, an der Hecke, am Zaun. Im Mittelalter hieß Hexe »hagazussa«, die, die auf dem Zaun sitzt. Ich möchte, wenn es konkret nicht ganz verständlich ist, dies für die Philosophen unter Ihnen etwas abstrakter ausdrücken. Wittgenstein ist berühmt für seinen Spruch »Was ich nicht weiß, macht mich nicht heiß«. Wir können die Maschen unserer logischen Grammatik, innerhalb deren wir herumhüpfen dürfen, so eng stricken, daß alles das, was gesagt werden kann, *klar* gesagt werden kann. Hier hat dann jeder Topf seinen Deckel, jeder Hirschkäfer sein Weibchen und jede Frage ihre Antwort: »*Das* Rätsel«, schrieb Wittgenstein, »gibt es nicht.« Wittgenstein hatte zeitlebens narrische Angst vor dem Wahnsinn, er wollte den Wahnsinn *draußen* wissen, aber der Wahnsinn saß bereits drinnen in der logischen Grammatik, so wie Edgar Allan Poes »Maske des roten Todes« in der verbarrikadierten Burg. Oder genauer: diese logische Grammatik *war* bereits das Werk des Wahnsinns. In anderen Worten: es *gibt* keine Flucht vor dem Anderen, dem Draußen, vor Hexen, Werwölfen und vor dem Wahnsinn. Sehen wir ihnen nicht irgendwann ins Gesicht, dann hämmern sie nachts an die Kellertür und hocken schließlich auf dem Nachttisch.

Was hat das alles, werden vielleicht einige von Euch, bzw. von Ihnen fragen, mit der Wissenschaftstheorie, der philosophy of science zu tun? Ich möchte dazu folgendes sagen: Ich habe vieles über Wissenschaftstheorie gelesen. Ich würde heute nicht gerade sagen, daß es rausgeschmissene Zeit war, obwohl, etwas weniger wäre mehr gewesen. Eigentlich haben mich nur drei Autoren angetörnt: von denen, die ich verstanden habe, Thomas Kuhn und der Paul, von denen, die ich nicht verstanden habe, Michel Foucault. Warum? Weil sie so ziemlich die einzigen waren, die einigermaßen Sinn in die etwas ungewöhnlicheren Erfahrungen gebracht haben, die ich, sagen wir *auch* als Wissenschaftler gemacht habe, Erfahrungen, die zeigen, daß zwar nicht *anything* goes, *alles* geht, wie der Paul meint, daß aber *viel* mehr geht als das, was uns die Wissenschaftler und Philosophen aller Couleurs so für gewöhnlich einzureden versuchen, daß das Bild wohl falsch ist, nach dem die Eiszeitmenschen von der Wahrheit *weit* entfernt waren, weil sie den ganzen Tag Brennholz sammeln und Auerochsen jagen mußten, und wir *nahe* dran, weil wir Bücher, Labors und ein immens verlängertes Fragealter haben. Ich kenne Galilei nur aus dem Theater und weiß deshalb nicht, ob das, was der Paul und der Kuhn über die Geschichte der Physik und der Astronomie schreiben, stimmt, oder ob eher das stimmt, was ihre Duz-Feinde so schreiben. Doch für die Völkerkunde, da haut das schon hin. Mir wurde eines Tages klar, daß die Wissenschaft im grauen Flanell nur *eine* unter vielen Möglichkeiten ist, die Welt zu sehen, zu fühlen und zu beschreiben. »Und wär' das Aug' nicht sonnenhaft, wie könnt's die Sonne je erfassen?« In anderen Worten: wie kann der Mann im grauen Flanell den Wilden verstehen, wenn dieser ihm erzählt, daß er die letzte Nacht in den Luftwurzeln des Weltenbaums von einem Succubus gemolken wurde, was wird er sehen, wenn die Nymphen im Schilf ihr Haar kämmen? Er wird bestenfalls Rohrdommeln sehen, nicht Nymphen.

Ich möchte mich hier nicht auf billige Weise über die Leute lustig machen, die Thomas Kuhn die »normal scientists« genannt hat. Das geschieht heute wohl oft, und es kostet nicht viel. Ich bin ein Freund der Wissenschaft, wenn auch nicht ein so intimer wie mein geschätzter Kollege Rolf Schwendter. Ich möchte nur sagen, daß die »normal scientists« für gewöhnlich nicht die Frauen und Männer sind, die auf Grund ihrer Lebens- und Denkweise die geeignete Sensibilität besitzen, um fliegen zu können, um sich in einen Tauchervogel zu verwandeln und die Meeresgöttin zu besuchen, um den Urzeitheroen der Traumzeit zu begegnen oder Götter durch sich hindurch tanzen zu lassen. Ich möchte noch etwas weiter gehen: ich glaube, daß die These einiges für sich hat, daß man in dem Maße, in dem man sich mit »philosophy of science« beschäftigt, in dem man sich auf dem laufenden hält, wer von den Lakatos-Popper-Toulmin-Agassi-Gellner-Quine gerade Konkurs gemacht hat oder wessen Aktien steigen, daß man in dem Maße die Empfindsamkeit verliert für das, was von uns aus zur Peripherie, zu den Grenz- und Dämmerbereichen der Erkenntnis zählt. Ich glaube also, daß es hier so eine Art »Unschärfeprinzip« gibt.

Das klingt alles ein bissel romantisch. Nicht daß ich für die Romantik nichts übrig hätte. Vor ein paar Jahren war ich einmal ziemlich auf einen Text abgefahren, der hieß »Der Papalagi. Die Reden des Südseehäuptlings Tuiavii aus Tiavea«. Da schien auf 126 Seiten die Sonne, der Hibiskus duftete und die Frauen hatten runde Brüste. Es war einfach zu schön, um wahr zu sein. Ich *wollte* damals, daß nur Sehnsucht, Glück und Hibiskus durch unsere Gesellschaft verdrängt worden seien und daß wir wie das Sterntaler-Mädchen nur unsere Schürze zu öffnen brauchten. Zwar ist es meines Erachtens wahr, daß die Wissenschaft Polizeifunktionen ausübt, die Straße von aufmüpfigen Gedanken räumt und daß sehr viele Wissenschaftler eher den Oleander auf Einheitsform trimmen als seinen Duft einatmen. Aber die Wissenschaft, oder die Lebensform, von der sie ein Teil ist, schützt uns auch bisweilen vor Wechselbälgen, vor dem Abschneiden der Klitoris und vor der Rache der Sippe.

Eines Tages wurde mir zudem deutlich, daß es zwar Wissenschaft *über* Prostituierte, Zuhälter, Penner, Geisteskranke, Wilde, Bauarbeiter, Hexen und Hippies gibt, aber kaum Wissenschaft, die *von* den Erfahrungen der Prostituierten, Penner, Hexen usw. *gelernt* hat, daß es kaum Wissenschaftler gibt, die *zugehört* haben, was alle diese Menschen ihnen zu *sagen* haben. In der Ethnologie wird das wiederum ganz deutlich. Da gibt es strukturalistische, marxistische, psychoanalytische, funktionalistische Analysen zuhauf, also Analysen *darüber, dahinter, darunter, rein, durch, zwischen, auseinander* usw. Ich habe bisher noch kaum wissenschaftliche Arbeiten gesehen, aus denen hervorginge, daß der Autor wesentliches aus einer Nacht im Freudenhaus oder aus einem Abend mit Pennern am Hauptbahnhof gelernt hätte. Manchmal taucht bei den Amerikanern schüchtern die Alice im Wunderland im Motto auf, aber das ist dann das höchste der Gefühle und auch nur, weil der Lewis Carroll eben so ein anerkannt schlauer Bursche gewesen ist. Das gehört dann zur Sphäre der akademischen Witzchen. Dann darf gelacht werden. Spaß muß sein wie Vitamine und Beischlaf. Aber das ist es halt: es gibt den Dienst und den Schnaps, den Uni-Typ und den Freak, und das Freibier und den Joint, und den Habermas und die Habergeiß. Man darf's nur nicht durcheinanderbringen.

Als ein Typ wie Castañeda einmal losließ, aufmachte und zuhörte, da hat gleich die ganze Belegschaft aufgeheult wie ein Wolfsrudel, und irgendein Saftkopf hat in der Frankfurter Allgemeinen einen Artikel losgeschickt, der hieß: »Der Fall Castañeda. Eine Schande für die amerikanische Wissenschaft«.* Strukturalisten, Funktionalisten, Marxisten usw. pflegen an solchen Stellen zu sagen: Ja, *das* haben wir nicht gewollt. *Das* ist nicht der wahre Sozialismus. Die *wahre* sozialistische Wissenschaft erkennt sich selber im Ausmaß der Zerstörung, die die europäische kapitalistische Zivilisation bei den fremden Völkern angerichtet hat. Wir erkennen unser wahres Gesicht im Spiegel der kaputten fremden Kultur. Hegel: Das Bewußtsein des anderen ist im Grunde Selbstbewußtsein. Da möchte ich sagen: diese ganzen Typen kommen von ihrem *Selbst*bewußtsein nicht runter. Das Fremde, An-

---

* Anm. 1979: Heute tut mir dieser Satz leid, und ich möchte mich für ihn bei Lothar Baier, der mit »Saftkopf« gemeint war, entschuldigen.

dersartige ist für sie nur Material zur Erkenntnis ihrer selbst.

Und da komme ich zu einer, sagen wir, sanften (soft) Kritik an einigen Ideen von Paul. Der Paul vertritt, wenn ich ihn recht verstehe, das Konzept einer fröhlichen, lustvollen Wissenschaft. Der Paul geht vermutlich lieber mit einer Pussycat aus, als daß er mit Popper oder Watkins diskutiert. O. K. Einverstanden. Ich auch. Nothing is more fun than fun. Nichts macht glücklicher als das Glück, und gestreichelt zu werden ist halt für gewöhnlich schöner als die Stirn zu runzeln und nicht rauchen zu dürfen. Aber irgend etwas gefällt mir daran nicht *ganz*. Ein Freund hat mir erzählt, daß die Tochter von B. F. Skinner in ihrer Jugend so konditioniert wurde, daß sie jetzt ohne Sorge und Leid lebt. Sie läuft den ganzen Tag rum und ist glücklich. Der dänische Ethnologe Knud Rasmussen hat einmal einen Eskimo-Schamanen gefragt, warum er – der Ethnologe – in vielerlei Hinsicht ein solches Dummerle sei, und der Schamane hat ihm geantwortet: Ihr Europäer wißt nicht, daß nur der erkennt, der in die Einsamkeit geht und Leiden erträgt. Daß man den Dingen von sich *geben* muß, wenn man von ihnen *erhält*. Fünferlei macht – nach Johannes vom Kreuz (zit. n. Castañeda) – einen einsamen Vogel aus:

Das erste, daß er am höchsten fliegt,
Das zweite, daß er sich nicht nach Gesellschaft sehnt,
                                    nicht einmal der von seinesgleichen,
Das dritte, daß er seinen Schnabel zum Himmel erhebt,
Das vierte, daß er keine bestimmte Farbe hat,
Das fünfte, daß er sehr sanft singt.

Wir denken leicht, die Wissenschaft sei so eine Art PX: auf der einen Seite wird reingestopft, auf der anderen rausgeholt – Ideen und Erfahrungen wie Lucky Strike, Camel, Chewing Gum, Hershey's. Whaddayawant? Anything goes, provided you got some money.

Die Pussycat-science ist attraktiv. Genauso attraktiv, wie es Pussies zu sein pflegen. Doch Erkenntnis ist noch etwas anderes. Ich glaube, daß die wahrheit (klein geschrieben) manchmal brutal ist und uns mitunter unheimlich eine in die Fresse donnern kann, daß wir durch Erkenntnis nicht nur gewinnen, sondern auch verlieren. Ich bin auch für die Eva, aber gerade durch sie fliegen wir (Gott sei Dank) hochkant aus dem Paradies. Dann als zweites: anything goes. Der Nietzsche hat gesagt: »Nichts ist wahr, alles ist erlaubt.« Und er hat als Beispiel Schafe genommen, die mit dem Wolf, der in ihr Gehege eingedrungen ist, eine Habermassche herrschaftsfreie Diskussion starten wollen. Das ist dem Wolf zuviel, und er sagt, wenn auch leicht irritiert: »Meine lieben Schafe, bei aller Sympathie, aber ich bin kein Schaf, ich bin auch nicht euer lieber Papi, ich bin schlichtweg der Wolf!« Nun, ich persönlich rechne mich nicht zu den Schafen, aber auch nicht gerade zu den Wölfen. Und ich könnte mir leicht denken, daß eine Anything-goes-Philosophie ohne weiteres zur Lieblingsphilosophie der Wölfe werden könnte. Anything goes: Wolfszähne gegen Schafszähne. Man hat nur Pech, wenn man dann zufällig nicht auf der Seite von Mussolini oder, ich will nicht übertreiben, von Franz Josef Strauß steht.

Und schließlich als letztes: der Paul ist für einen weitgespannten, wildbewegten Pluralismus und für neue, aufregende Gedanken und Erfahrungen, für die permanente geistige und sinnliche Revolution: möglichst viel ausprobieren, entwickeln, rumflippen, weitergehen, provozieren usw. Das ist mir alles irgendwo ein bissel zu heiß und zu schnell, da schwirrt mir der Kopf: lauter Schmetterlinge in Aufregung. Und auch zu viel – das ist wie auf der Achterbahn: kaum bist du oben geht's wieder runter und dann reißt's dich wieder aus den Pantinen. Ich glaube hingegen, wir haben auch die Sehnsucht danach auszuflippen aus der reißenden Zeit und aus der Veränderung, nicht immer wieder Neues und Besseres und schneller und höher und mehr und witziger und klüger und weiser. Sondern ein bissel Klugheit hier und ein bissel Witz dort und wiederum ein bissel Weisheit da.

Wenn man sich so mit den Leuten im Umkreis der Uni unterhält, dann kriegt man den Eindruck, daß sie stets auf der Suche sind nach neuen Ideen, Theorien und Durchblicken.

Neulich hat mir ein Philosoph gesagt, man müsse *noch* klüger werden als die »bürgerlichen« Wissenschaftler. Da hab' ich mir gedacht: Oh, Mann, wenn du eines bist, dann biste klug – *da* fehlt's dir ganz bestimmt nicht. Es ist manchmal fast komisch, was eine solche Klugheit so produziert – da kommen Bücher raus, die heißen: »Prolegomena zu einer materialistischen Theorie der Spontaneität«. Das ist nun fast schon obszön, obgleich mittlerweile solche Bücher vermutlich nur noch von dem gelesen werden, der die Korrekturfahnen liest. Doch stellen Sie sich einmal einen Ethnologen vor: Der Mann hat zwei Jahre bei einem fremden Volk gelebt, ist auf die Jagd gegangen, hat Knollen ausgebuddelt, Peyote gemampft und Maikäfer ausgelutscht, war einsam und vergnügt, hat mit seinen Gastgebern gelacht und geheult, getanzt und geliebt, der Medizinmann hat ihn für würdig genug erachtet, ihm anzuvertrauen, wie man mit den Feen in den Bergen bumst, und dann geht er heim und schreibt eine strukturell-funktionale Analyse der Eigentums- und Verwandtschaftsverhältnisse der Tarahumara unter besonderer Berücksichtigung der marxistischen XYZ. Das ist eine schamlose Ausbeutung der Menschlichkeit dieser Leute, die, Gott sei's gedankt, dieses Buch niemals lesen werden.

So, das wär's eigentlich. Ganz schnell noch mal zum Paul. Der Paul scheint mir *mehr* zu wollen, ich möchte dagegen eher *weniger*. Ich hab' den Zen-Buddhisten im Zug gefragt, was uns seiner Meinung nach so am meisten fehle, und er hat gesagt: emptiness. Zu deutsch: Ihr müßt halt ein bissel loslassen.

Zürcher Geschnetzeltes
Ein Interview mit Professor Feyerabend (1980)

»To do is to be« *Martin Heidegger*
»To be is to do« *Karl Marx*
»Shobedobedo« *Frank Sinatra*

Reporter: Professor Feyerabend, Sie befinden sich kurz vor Ihrer siebzehnten akademischen Abschiedstournee. Wie in gut unterrichteten Kreisen verlautet, wollen Sie jetzt endgültig Ihre Professur an den Nagel hängen und die Titelrolle in der Neuverfilmung von »Heidi« übernehmen...

Feyerabend: Na jetzt häng' ich mich ja wirklich auf, davon ist kein Wort wahr. Das ist Teil einer ganz ärmlichen Kampagne, die John Watkins, der Joske und andere Halbgebildete von der London School of Economics gegen mich gestartet haben. Ich habe von Anfang an nie einen Zweifel daran gelassen, daß ich die Titelrolle ablehne. Ich werde den Großvater spielen.

Reporter: Den Alm-Öhi?

Feyerabend: Ja, den Alm-Öhi.

Reporter: Wieso gerade den?

Feyerabend: Könne Sie sich öppe vorstelle, was e Heidi, wo e Meter dreienachtzig gross isch, für e Wirkig uff d' Kinder unter de Zueschauer mache wurdi?

Reporter: Ich sehe, Ihre Unterrichtstätigkeit in der Schweiz ist Ihnen gut bekommen!

Feyerabend: Schaurig guet, odr?

Reporter: Aber Sie müssen doch noch einen anderen Grund haben...

Feyerabend: Schaun's, der Alm-Öhi ist ein *wirklich* freier Geist, gar nicht vergleichbar mit den Papiertigern und Zwergnasen des Kritischen Rationalismus und anderer Moderichtungen. Er lebt hoch oben im Gebirge, mit Gott und den Bewohnern des Dörfli im Unfrieden, aber im Frieden mit seinen Geißen Bärli und Schwänli, ein Individualanarchist, der sich weigert, die achtjährige Heidi zur Schule und in die Kirche zu schicken. Die zentrale Stelle: Der Pfarrer kommt auf die Alm und sagt zum Öhi: »So kömmet doch zur *Vernunft*!« Darauf der Öhi: »Es söll jo keine ko und mi zwinge welle! Dem schlohn ich eini in d' Schnurre, denn wämmer emol luege, wär mi zwingt!« Da ist also, wie Sie sehen, nicht nur ein Anarchist, der sich den Zwängen der Vernunft, dem Ratiofaschismus widersetzt, da werden auch die ganzen Bürgerinitiativen antizipiert! Schaun Sie, der Pfarrer, das ist der Popper – ein aufdringliches Gequassel von Vernunft, Wahrheit usw. Der Öhi dagegen repräsentiert die starke Tradition der Alm…

Reporter: Aber am Schluß wird der Alm-Öhi doch bekehrt und die Heidi geht brav in die Schule!?

Feyerabend: Eben, weil der Öhi kein Dogmatiker ist, der auf Teufel komm raus an einer vorgefaßten Meinung festhält! Er geht halt auch mal in die Kirche, um sich über deren Tradition zu informieren! Vielleicht wird er sogar, wenn ihm überhaupt nichts mehr einfällt, die *Logik der Forschung* lesen.

Reporter: Herr Feyerabend, in Ihrem letzten Buch…

Feyerabend: Sie meinen eine dieser gedruckten Ausschweifungen, die der Suhrkamp Verlag unbedingt auf den Markt werfen mußte?

Reporter: …in Ihrem letzten Buch haben Sie den Gedanken entwickelt, daß in einer freien Gesellschaft alle Traditionen gleichermaßen das Recht haben müssen, sich zu entwickeln, und das, ohne einer rationalistischen »Supertradition« unterworfen zu werden. Daß das möglich sei, darüber soll Ihrer Meinung nach eine Polizei wachen. Aber diese Polizei, die bereitet mir Kopfzerbrechen…

Feyerabend: Also da brauchen Sie keine Angst zu haben. Schaun's, ich kenne persönlich eine Reihe *sehr* netter Polizisten, Leute mit einem Spektrum, das Sie vergeblich im Seminar vom Ayatollah Popper suchen werden. Grad neulich, als ich falsch geparkt hab' – ich bin nämlich, um mir ein paar Zuckerl zu kaufen… nein, völlig falsch, ich bin rübergefahrn nach Frisco, um bei Modesto Lanzone an der Bay mit zwei

Damen, einer brünetten und einer rothaarigen, ein gutes Mahl einzunehmen, ach nein, warten Sie...

Reporter: Aber Herr Feyerabend, es ist doch völlig gleichgültig, ob Sie jetzt in der Gemischtwarenhandlung ein Zukkerl oder in irgendeinem Restaurant in Oakland eine Pizza al funghi...

Feyerabend: Ha, da haben wir's wieder, diesen deutschen Professorenhochmut...

Reporter: Aber ich bitte Sie, ich bin vom Feuilleton der Frankfurter Rundschau!

Feyerabend: Papperlapapp, ich möchte jetzt mal wissen, wieso das unwichtig sein soll?! Unwichtig – das sagen *Sie*! Wissen Sie, daß mir eine gute Pizza al funghi tausendmal wichtiger ist als die Lösung des Guddmännschen »Riddles of Induction« oder die Beantwortung der Frage, ob konvexe Gesellschaften eine vernünftige Identität ausbilden können? Modesto Lanzone, das ist ein begnadeter Künstler...

Reporter: Nun gut, das mag ja alles so sein, aber meine Frage war eine *grundsätzliche,* ob nämlich...

Feyerabend: Ja, da sind Sie wieder mit Ihren teutonischen *Grund*sätzen, mit Ihren Tiefgängen und vereinheitlichenden Theorien! Wo es doch auf das einzelne, Bunte, Vielfältige ankommt! Ich meine damit nicht nur den Bereich der Wissenschaft. Warum sollten z. B. die Postgebühren überall und jederzeit gleich sein, anstatt daß jeder das zahlt, was ihm in einer ganz konkreten Situation angemessen erscheint? Ich möchte jetzt nicht ins Detail gehen, ich hab' das alles in meinem Buch *Wider den Gebührenzwang* behandelt.

Reporter: Herr Feyerabend, nachdem die marxistische Theoriediskussion inzwischen vieles von ihrem ehemaligen Glanz verloren hat, wenden sich neuerdings viele frühere Linke Ihren Gedanken zu. Hans Magnus Enzensberger hat unlängst in seinem vielbeachteten Essay »Der Untergang des Kursbuchs« festgestellt, daß manches nicht mehr so ist, wie es einmal war. Das hat vielen zu denken gegeben. Doch auch Sie bleiben nicht von der Kritik verschont. Der Mannheimer

Wissenschaftstheoretiker Helmut Spinner hat nicht nur verblüffende Parallelen zwischen Ihren Schriften und den Aufzeichnungen des Lustmörders Honka gefunden, in denen dieser betont, man müsse flexibel bleiben und von Fall zu Fall die Methode ändern, er hat Sie überdies auf subtile Weise als einen Doppelagenten entlarvt, der einerseits *gegen,* andererseits aber auch *für* die Kritischen Rationalisten arbeite. Wenn Sie mir eine etwas indiskrete Frage erlauben, was haben Sie für diese Tätigkeit gekriegt?

Feyerabend: Was ich dafür gekriegt hab'?! Beschissen ham's mich! Man hatte mir angedeutet, ich könne mit höheren Ehrungen rechnen – »Sir Paul« und so, verstehn Sie! – aber dann hat mich der Popper abgespeist mit einem Sonderdruck seines Aufsatzes »I as a Precursor of Myself«, in dem er allerdings überzeugend nachweist, daß er seine eigenen Theorien um Jahre vorweggenommen hat.

Reporter: Wo wir gerade bei der Philosophie sind, meines Wissens hat der bedeutende Grazer Denker Ernst Tollpatsch in seiner Schrift »Die Entwicklung der Dialektik aus dem Urschleim: Ein Griff in die phylogenetischen Wurzeln des Jürgen Habermas« ...Sie kennen doch diese Publikation?

Feyerabend: Lieber Freund, wo denken Sie hin? Ich hab' anderes zu tun als alle diese Erstkläßlerphilosophien zu studieren! Ich muß mich ja auch schließlich um meine Studenten kümmern. Stellen Sie sich vor: In meiner Klasse in Berkeley, da sitzen Bardamen, LKW-Fahrer und Stammesangehörige der Gros Ventre und Bella Bella – soll ich mit denen etwa die Schriften des »Starnberger Instituts zur Erhaltung der Lebensbedingungen für Wissenschaftler« diskutieren? Das geht nicht – ich hab's ja schließlich mit erwachsenen Menschen zu tun!

Reporter: Aber so geringschätzig darf man doch wohl nicht von allen Philosophen reden – schließlich haben einige von ihnen in den letzten Jahren Aufsehenerregendes zur Epistemologie beigetragen, ich denke etwa an den Versuch Hans Alberts, sich am eigenen Schopf aus dem Sumpf zu ziehen, wobei er das berühmte »Albert-Trilemma« entdeckt hat!

Feyerabend: Am eigenen Schopf? – das *konnte* ja nicht gelingen, das hätt' ich dem Hans schon vorher sagen können! Aber da sehen Sie's wieder, diese Popper-Punks, die müssen alle erst mal in den Sumpf gefallen sein, bevor sie was merken, aber auch diese »Einsicht« hat der Herr Karl noch vermarktet und »trial and error« genannt...

Reporter: Ja, und welche Texte lesen *Sie* mit Ihren Studenten?

Feyerabend: Was heißt hier »lesen«? Zunächst einmal befragen wir Evans-Pritchards »rubbing board oracle«, ob die Lehrveranstaltung stattfinden soll oder nicht. Und wenn das Orakel ja sagt, wird's gleich noch einmal gefragt, ob wir in der Universität bleiben sollen. Das letzte Mal hat's uns in den Cow Palace geschickt.

Reporter: In den Cow Palace?

Feyerabend: Ja, sehen Sie, da wurde dieses Photo geschossen. Da sind meine philosophischen Mentoren drauf zu sehen. Der Herr, der gerade durch die Luft fliegt, ist Pat Patterson, der Blonde Bomber, in der Ecke rechts außen Kenji Shibuya, und in der fernen Ecke ein polynesischer Häuptling, den ich gut kenne, das heißt, noch besser kenne ich seine Mama. Vorne rechts, undeutlich zu sehen, der Herr, der so eifrig mitschreibt, das ist Professor Stephen Toulmin. Nach der Vorstellung mußte er übrigens große Teile des zweiten Bandes seines Buches *Human Understanding* völlig umschreiben...

Reporter: Aber Herr Feyerabend, das geht doch nicht, Sie können doch nicht...

Feyerabend: Mann, Baby, Sie reden ja wie ein tight assed positivist, *alles geht* hier in sunny California, nur frech genug müssen's halt sein, ein großes Maul müssen's haben, na ja, und vielleicht müssen's vorher auch ein paar seriöse Sachen geschrieben haben, sonst bleiben's auf Ihren Frechheiten sitzen.

Reporter: Wer hupt denn da draußen so laut?

Feyerabend: Ach so, das ist das Taxi, das ich für Sie bestellt

hab'. Wissen's, die Unterhaltung mit Ihnen war sehr anregend, aber jetzt ist's höchste Zeit: Um vier erwartet mich mein Akupunkteur, Dr. Wong, dann hol' ich mir um fünf ein Giggerl bei meinem Metzger, Mr. Musgrave, um halb sechs schaut der Erich auf einen Sprung rein, und dann muß ich schnellstens zurück zu dem Roman, den ich vorhin angefangen hab': *Requiem for a Blonde*, ungewöhnlich spannend, bin auf Seite vier, schon drei Leichen. Na ja, dann alles Gute, bye, bye!

Die Angst vor dem Leben
und die Sehnsucht nach dem Tode (1981)*

Für Edward Red Hat (1895-1982)

Es gibt vielerlei Gründe, die einen dazu veranlassen können, ein Philosoph zu werden: die Vorzüge, die das gesicherte Dasein eines beamteten Denkers mit sich bringen, die gemischten Freuden einer mehr oder weniger rationalen oder »herrschaftsfreien« Diskussion, die möglich wird, wenn eine Reihe wichtiger Lebensbedürfnisse befriedigt ist und anderes, Gründe, die verständlich sind und über die sich lustig zu machen inzwischen vielleicht allzu modisch geworden ist. Zugleich hat es aber stets Menschen gegeben, die aus anderen Motiven heraus über das Wesen der Dinge und der Erkenntnis nachgedacht haben. So fühlten etwa die pyrrhonischen Skeptiker in der Unruhe des Geistes eine ständige Belästigung des Friedens ihrer Seele, und sie glaubten, diesem Denken nur dadurch Einhalt gebieten zu können, daß sie es in ein unlösbares Dilemma, in die Absurdität, ins Paradoxon und vor allem in die Unentscheidbarkeit führten, auf daß es begänne in sich selber zu rotieren, unendlich zu oszillieren, um sich damit aufzulösen. Oder, um ein Bild der Skeptiker zu gebrauchen, das bekanntlich Wittgenstein wieder aufnehmen sollte: man warf die Leiter weg, nachdem man auf ihr hinaufgestiegen war.

Der pyrrhonische Skeptiker, wie ihn Sextus Empiricus schildert, *urteilt* schließlich nicht mehr, und wenn er etwas sagt, dann ist das nur eine *foné*, eine reine »Äußerung«, die durch Wahrnehmungen verursacht wird wie der Speichelfluß des Hundes durch das Ertönen einer Glocke.[1]

Im Gegensatz zu den akademischen Skeptikern, die wie die Popperianer der Stunde lediglich an der Möglichkeit der *Er-*

* Habilitationsvortrag an der Gesamthochschule Kassel, 4. Februar 1981. Ich danke Ulrich Sonnemann, Wolfdietrich Schmied-Kowarzik und Heinrich Dauber für ihre liebenswürdige Kritik.

langung von Gewißheit zweifelten und deshalb den Begriff durch »Glaubhaftigkeit« ersetzten, ein Wort, das Cicero mit *probabilitas* oder *veri similitudo* übersetzte, gebrauchten die Pyrrhoniker Sätze wie »Nichts ist wahr« (was man auf deutsch etwa mit »Anything goes« übersetzen könnte) oder »Alles ist gleichermaßen gültig« *gleichgültig* und ohne irgendeinen Erkenntnisanspruch.[2] Denn würde der Skeptiker etwas bejahen oder verneinen, etwa daß er nichts bejahen oder verneinen wolle, würde er also irgend etwas *meinen,* dann liefe dies auf eine erneute Störung des Seelenfriedens hinaus.

Man sieht, daß letzten Endes die Erkenntnis, ja das Bewußtsein *überhaupt* als die Quelle der Unruhe betrachtet wurden, und die Gleichgültigkeit gegenüber allem schien das einzige Mittel zu sein, mit dem man diese Quelle zum Versiegen bringen konnte. So berichtet der aus Euböa stammende Grammatiker Antigonus Karystios, daß Pyrrho gefragt worden sei, warum er denn, wenn ihm alles gleichgültig sei, nicht lieber sterben statt leben wolle, worauf Pyrrho entgegnet habe: »Eben, weil es mir gleichgültig ist.«[3]

Auch den Zen-Buddhisten schien der Weisheit letzter Schluß darin zu bestehen, den durch die Reflexion gewirbelten Menschen weniger durch Unentscheidbarkeiten als durch Paradoxien, mehr aber noch durch das Umdrehen der Nase oder durch einen heftigen Schlag ins Gesicht zum Stillstand zu bringen. Was dann übrigblieb, nachdem die Seifenblase geplatzt war, das war das einfache Leben und das einfache Denken. So zeigte eines Tages der Zen-Meister Yün-men einer Versammlung von Mönchen seinen Stock und sprach:

»Das gewöhnliche Volk hält ihn naiv für Wirklichkeit. Die beiden Fahrzeuge analysieren ihn und erklären ihn für nichtexistierend. Die Pratyekabuddha halten ihn für eine mayaartige Existenz. Die Bodhisattva nehmen ihn für das, was er ist, nämlich sie erklären ihn als leer. Wenn Zen-Jünger freilich einen Stock sehen, so nennen sie ihn einfach ›Stock‹. Wenn sie gehen, dann gehen sie, wenn sie sitzen, dann sitzen sie.«[4]

Aber auch wer nur sitzt, wenn er sitzt, und wer nur denkt, wenn er denkt, wird eines Tages auf ganz *unwillkürliche* Weise über sein Sitzen und sein Denken denken, bis er wieder eine Ohrfeige erhält, und so geht das Spiel der Welt bis in alle Ewigkeit weiter. Schwierig ist's – so könnte man sagen – hienieden endgültige *moksha*, Befreiung zu erlangen.

Diese beständig drohende unendliche Wiederkehr des gleichen war den hinduistischen Weisen ein Leiden ohne Ende, und die Perspektive gar einer Serie endloser Wiedergeburten erfüllte sie mit Entsetzen. »Was nützen uns«, heißt es in der *Maitraya Upanishad* – und dies könnte ebenso in einem mittelalterlichen Textbuch der *Ars Moriendi* stehen – »Was nützen uns die Vergnügungen und Wonnen, in diesem Leib, der nur eine dreckige Ansammlung von Knochen, Haut, Sehnen, Mark, Fleisch, Samen, Blut, Schleim, Tränen ist, eine Masse von Kot, Urin, Fürzen, Galle und anderen Säften, übelriechend und kraftlos? Erfahren wir nicht, daß göttliche und dämonische Wesen sterben, daß Ozeane austrocknen und Berge eingeebnet werden und daß die Erde eines Tages aufhören wird zu existieren? Was nützen uns die Vergnügen in einem *samsara* dieser Art, in das ein Mensch, der zu ihm Zuflucht nimmt, immer wieder zurückkehren muß? Ich bin in diesem *samsara* wie ein Frosch in einem verschlossenen Brunnen.«

Aus diesem Grund haben einige hinduistische Richtungen zur wohl radikalsten Lösung gegriffen, die einem Sterblichen sich bietet: Sobald einem künftigen Samnyasin das Haar ergraut und die Haut faltig geworden ist, wenn ihm Enkel geboren und die Dinge getan sind, verläßt er die Gemeinschaft der Menschen, nachdem er die eigenen Begräbnisriten durchgeführt und die Asche des letzten Opferfeuers gegessen hat. Seine Familie weint und jammert freilich nicht um ihn. Als Heimatloser zieht er in die Wildnis, um ein zu Lebzeiten Erlöster, ein *jivan-mukti* zu werden. Im Dschungel lebt er von Wurzeln, Blüten und Schößlingen, er meidet gepflügtes Land und menschliche Siedlungen, die er nicht einmal mehr zum Erbetteln von Almosen betritt. Seine Kleidung besteht nur mehr aus Fellen, dann aus Rinden und Gras. Schließlich fällt auch dies von ihm ab, was immer ihm jetzt widerfährt, läßt ihn gleichmütig, nichts ist für ihn unrein, alles ist heilig und unheilig zugleich, in allem wiederholt sich nur *deva-lila,* das ewige Spiel der Götter. Bald ißt er nichts mehr, nimmt nur noch Wasser und Luft zu sich, und es dauert nicht lange, bis er die Schritte des Todes hinter sich hört. Noch ein letztes Mal mögen die Götter und Dämonen ihn versuchen, indem sie die Reize des Lebens vor sein inneres Auge führen, und sie sprechen zu ihm:

»Komm und erfreue dich hier, im Himmel. Diese Freuden sind begehrenswert, dieses Mädchen ist bewundernswert, dieses Elixier zerstört Alter und Tod.«[5]

Aber der Samnyasin möchte kein Gott werden, denn die Götter stehen weit unter dem, was er erstrebt, auch sie haben keine *moksha,* keine Befreiung erlangt.[6] Er sucht vielmehr den endgültigen Sieg über *punarmrtyu,* die Zeit, die ewige Veränderung, und das, was Wittgenstein »die Kälte der Weisheit« genannt hat, hat ihn durchdrungen. Den Blick nach Nordosten gewandt, begibt er sich auf die letzte Wanderschaft *(mahaprasthana),* bis er nichts mehr wahrnimmt, nichts mehr denkt, dann endlich zusammenbricht und stirbt.[7]

»Der Yogi«, heißt es in der *Hatha Yoga Pradipiká* (IV, 108 f.), »der sich dem *samadhi* widmet, nimmt weder Geruch, Geschmack, Farbe, Berührung, Ton wahr, noch ist er sich seiner selbst bewußt. Derjenige, dessen Bewußtsein weder schläft noch wacht, weder erinnert noch von Erinnerung entblößt ist, der weder verschwindet noch erscheint, der ist erlöst.«[8]

Hier strebt die »Unruhe des Geistes« als Ausdruck der unerträglichen Spannung des Lebens zur Grabesruhe, denn die Selbstverständlichkeit des Daseins gebiert aus sich immer erneut die Frage nach der Verständlichkeit, die die Selbstverständlichkeit zersetzt und in extremeren Fällen, der Schizophrenie, zum Sturz in die Bodenlosigkeit eines immerwährenden Zweifels führt. »Alles, überhaupt *alles* ist so fragwürdig«, sagt eine Patientin, und C. G. Jung berichtet von einem Philosophieprofessor, der ihn aufsuchte, weil er unter einer starken Krebsangst litt: »Er litt unter der Zwangsvorstellung, einen bösartigen Tumor zu haben, obschon Dutzende von Röntgenaufnahmen nichts dergleichen ergeben hatten. ›Ich weiß, da ist nichts‹, sagte er, ›aber es *könnte* ja etwas da sein.‹«[9]

Die natürliche Sicherheit des Daseins ist verloren – man denke etwa an die Worte des französischen Zeichners Roland Topor: »Existieren selbst ist ein Schock, jeder Atemzug ein Leiden, jeder Gedanke eine Verwundung«[10] – und der schmerzhafte Verlust zieht die Forderung dessen nach sich, was Wittgenstein die »transzendente Sicherheit« genannt hat, des Erkenntnisideals der klassischen cartesianischen, antiskeptischen Philosophie: nur wenn der Zweifel *logisch* ausgeschlossen ist, nur wenn bewußt wird, daß der Zweifel das voraussetzt, was er zu bezweifeln vorgibt, wenn kein Riß mehr klafft zwischen dem Zweifel und seinem Gegenstand, nämlich *ihm selbst,* zerreißt das Gewebe des Trugs und gibt den Boden einer natürlichen Sicherheit frei. Doch die Auflösung des philosophischen, des intellektuellen Zweifels hilft dem Schizophrenen im Gegensatz zum Philosophen nicht allzu viel. Denn der Schizophrene *weiß* ja oft alles und nicht selten besser und klarer als der Psychiater. »Das ist wohl die natürliche Selbstverständlichkeit, die mir fehlt«, sagt eine Patientin, und: »Ich *weiß* ja, wie ich handeln muß, das hilft mir aber nicht. Um überhaupt mit anderen Leuten Kontakt zu haben, muß ich gewisse Dinge verstanden *haben*... Ich bräuchte gar nicht alles zu wissen, ich bräuchte nur das *Grundsätzliche* verstanden zu haben.« »Ich kann keine Meinung *abschließen*... Ich habe keine Ruhe... Es ist so ein Gefühl, als ob mir immer noch etwas fehle... Alles ist dann so *offen*...«[11]

Für diese Frau, der im übrigen nichts als der Selbstmord blieb, ist etwas leibhaftig geworden, was einer zeitgenössischen »offenen Philosophie« als Ideal des »ständigen kritischen Zweifels«, der in »permanenter geistiger Revolution«

keinen Stein auf dem anderen läßt, vorschwebt, ein Zweifel, mit dem sich's freilich leben läßt, wenn er das bleibt, was Peirce einst »paper doubt« genannt hat, und der sich kaum auch auf die Küche erstrecken dürfte, in der die Gattin für ihren Papiertiger die Kartoffeln pellt. Für einen Mann wie Wittgenstein wäre dieses Ideal nur die Konsequenz der mißlungenen Suche nach einer *absoluten* Sicherheit: Nachdem diese Suche scheitert, erscheint überhaupt keine Sicherheit und Ruhe mehr möglich, denn alles *könnte* doch in Wahrheit ganz anders sein, als es uns erscheint. Will man *alles,* so erhält man *nichts,* oder, im Falle der Schizophrenen – und, wie wir später sehen werden: nicht nur bei ihnen –: das Nichts erhält *sie.* So berichtet eine Patientin während des Prozesses ihrer Gesundung, des Auftauchens aus dem Nichts, als sich zuallererst das Entsetzen und die Verzweiflung entfalten können, weil sie jetzt erst das Nichts, das sie verschlungen hatte, fühlt und begreift:

»Ich bin nicht ich selber, ich bin von meinem Dasein getrennt. Der Leib liegt hier und verwest, ich habe ganz deutlich in der Nase einen Verwesungsgeruch – und der Geist? Wo ist mein Dasein, wo? Befindet es sich irgendwo im Weltraum? Ich habe nicht teil daran, es ist weg, einfach weg, ich kann nicht denken und nicht fühlen, ich liege hier ohne Sinn und Verstand... Die schreckliche Leere, wie soll man sie ertragen! Solange ich die Leere anschauen kann, solange ich mir vorsage: das ist sie, das ist die Leere, solange existiere ich noch, wenn man das existieren nennen kann, immerhin, ich habe noch einen Faden in der Hand, der einen mit der übrigen Welt zusammenhält... aber dann plötzlich geht auch das nicht mehr. Dann dringt die Leere heran und verschlingt einen... Manchmal hat man noch das Bewußtsein der Leere, dann aber verschwindet auch das.«[12]

Wenn sie noch dieses Bewußtsein hat, dann ist sie etwa eingeschlossen in einer Eisscholle oder sie steht verloren in einer vereisten Polarwelt. Andere sind Steinwesen in einer erstarrten Mondlandschaft – man denke hier an das Wort *stoned* aus der Drogensprache – oder sie verharren in einem verzauberten, gebannten Märchenland wie dem in *Dornröschen*, wo der Koch auf ewig mit erhobener Hand dasteht, um dem Küchenjungen eine runterzuhauen. »Als ich auf den Horizont schaute«, berichtet ein anderer Patient, ein »Derealisierter«, wie die Psychopathologen sagen, »da sah ich alles totenstill, als ob ich in ein Märchenland schaute.«[13] Wie derjenige, der sich einen Heroinschuß gesetzt hat, können manche Patienten weder froh noch traurig sein, die Gefühle sind verdorrt, und einige von ihnen, die sich dieser Tatsache nicht mehr bewußt sind, weil mit ihren Gefühlen und Wahrnehmungen auch dieses Bewußtsein der Leere vergangen ist, haben jenen Zustand erreicht, der für den hinduistischen Weisen die Befreiung, *moksha*, oder für den konsequenten pyrrhonischen Skeptiker die Seelenruhe der absoluten Gleichgültigkeit bedeutete.

»Nicht ist es so«, sagt eine Schizophrene, »als *empfinde* ich die Leere, nein, ich *bin* die Leere.« »Es ist alles so tot in mir. Ich kann nicht traurig sein, ich kann nicht lustig sein, ich denke immer nur ans Sterben.«[14] Aber dieses Sterben ist kein Sterben mehr aus Verzweiflung, es ist eher ein Absterben wie das einer verdorrenden Pflanze oder das des langsam verwelkenden Samnyasin.

Ist das Bewußtsein der Leere noch da, dann heißt es etwa: »Früher war ich noch furchtsam und Sie hätten mich nicht in diesen mit Skeletten angefüllten Saal führen dürfen« – gemeint ist das Museum der Salpêtrière – »jetzt aber macht mir das gar nichts und ich bin nicht einmal erschrocken, alles ist mir gleichgültig.«[15]

Für diejenigen, die die Spannungen und Widersprüche des Lebens aus welchen Gründen auch immer nicht ertragen können und die die Hoffnung verloren haben, durch weltliches *Handeln*, etwa politische oder soziale Veränderung, diese Spannungen auflösen oder verringern zu können, haben in den letzten Jahrtausenden allemal Ideologien bereitgestanden, die ihnen diese Auflösung versprachen und teilweise auch gewährten. Stößt das Ich auf eine feindliche oder unerträgliche Außenwelt, dann gibt es zwei Möglichkeiten. Entweder es versucht, den Widerstand durch *Eingriff* in die äußere Wirklichkeit zu brechen, oder aber es gibt sich selber auf, indem es sich als bloßen Schein oder als eine niedere Form von Wirklichkeit erkennt. Für den zeitgenössischen Europäer oder Amerikaner, der keine Möglichkeit mehr sieht, seine vergiftete, zerrissene Zivilisation in eine menschenwürdige Welt zu verwandeln, formuliert beispielsweise der ehemalige Philosophie-Professor des Sanskrit Colleges von Raipur, Bhagwan Shree Rajneesh, die frohe Botschaft der »Ego-Zertrümmerung« so:

»Ich bin Gott, weil ich nicht bin. Und in dem Augenblick, in dem du nicht mehr bist, bist du auch ein Gott. Gott ist nichts Besonderes. Gott ist unser Wesenskern... Alle Wesen sind Götter auf verschiedenen Stufen der Erkenntnis.« Wo kein Ich mehr ist, da gibt es natürlich auch kein Nicht-Ich mehr, das dem Ich noch zu schaden vermöchte – leiden könnte bestenfalls noch das niedere, das ›empirische Ich‹, das freilich mit dem Wesenskern des Menschen nichts zu tun hat. Und dieser Wesenskern des Menschen ist wiederum kein eigentlicher Kern, sondern *alles* und damit – *nichts:*

»Ich habe den Ursprung erkannt. Und in dem Augenblick des Erkennens löst man sich auf, man ist nicht mehr als Ego vorhanden. Ein Gesegneter ist einer, der nicht mehr ist.« – »Ich lehre keinen Glauben. Im Gegenteil, ich lehre Freiheit von jedem Glauben. Ich lehre, wie ihr aus dem Gefängnis allen Wissens ausbrechen könnt. Ich gebe euch kein Wissen, sondern nehme es euch. Was ich euch geben will, ist – Leere... Wenn das Licht eurer eigenen Lampe brennt, verflüchtigt sich jeder Glaube. Dann seht ihr, daß ich kein Guru bin und daß ihr keine Schüler seid. Dann gibt es kein ›Ich‹ und kein ›Du‹ mehr. Dann bleibt nur noch Gott übrig.« – »Wenn du dein Leben wirklich satt hast, dann schalte endgültig die Möglichkeit aus, daß es sich andauernd wiederholt. Werde ein *shrotapanna* (einer, der nicht mehr gegen den Strom des

Lebens kämpft). Darauf wirst du zum *skridagamin*, dann kommst du noch einmal. Darauf wirst du zum *anagamin*, dann kommst du nie mehr. Ein *anagamin* ist einer, der den wahren Selbstmord begangen hat. Er ist wirklich fertig mit der Welt, er hat seine Rechnungen mit der Welt beglichen.« Hat einer also seine Rechnungen mit der Welt beglichen, dann steht ihm nichts mehr entgegen, *er* ist *alles*, und alles ist gleich: »Ich bin gegen gar nichts«, verlautet dementsprechend Bhagwan, »ich bin für alles. Ich bin entschieden für *alles*... Ich gehöre keiner Tradition an – alle Traditionen gehören mir.« »Ein Weiser akzeptiert alles, deshalb kann er sagen, Gott ist Sommer und Winter, Gott ist Frieden und Krieg, Gott ist böse und gut – beides. Für einen Weisen verschwindet jegliche Moral, und alle Unterschiede fallen. Alle Dinge sind heilig, und jeder Ort ist geweiht. Wenn du Fragen hast, kann es keine Antwort geben. Wenn du keine Fragen hast, ist die Antwort gegeben worden.«[16] So steht auch auf dem Schild am Eingang zu Bhagwans Paradiesgarten nicht »Lasciate ogni speranza voi ch'entrate«, sondern »Shoes and Minds are to be left here at the gate...«

Zur »Nicht-Lehre« des indischen Bhagwan weist eine andere Lehre große Ähnlichkeit auf, und auch sie hat im Verlaufe der letzten zehn Jahre die Herzen Abertausender zivilisationskritischer Amerikaner und Europäer ergriffen. Auch sie stilisiert einen Menschen zum Ich-Ideal, der ähnlich wie Bhagwans »Gesegneter« seine Ich-Identität aufgelöst hat, der wiederum – *nichts* geworden ist und damit *alles*, der so weit von der Welt zurückgetreten ist, daß er sie wahrlich *sub specie aeternitatis* sieht und bestenfalls noch über sie lachen kann. Es ist die Lehre des »man of knowledge« von Carlos Castañeda. So berichtet an einer Stelle Don Juan Castañeda, daß einst seine Eltern von Mexikanern ermordet wurden: »I promised my father that I would live to destroy his assassins. I carried that promise with me for years. Now the promise is changed. I'm no longer interested in destroying anybody. I don't hate the Mexicans. I don't hate anyone. I have learned that the countless paths one traverses in one's life are all equal. Oppressors and oppressed meet at the end, and the only thing that prevails is that life was altogether too short for both.« – »A man of knowledge chooses a path with heart and follows it, and then he looks and rejoices and laughs, and then he *sees* and knows. He knows that his life will be over altogether too soon, he knows that he as well as everybody else, is not going anywhere, he knows, because he *sees,* that nothing is more important than anything else. In other words, a man of knowledge has no honor, no dignity, no family, no name, no country, but only life to be lived, and under these circumstances his only tie to his fellow men is his controlled folly. Thus a man of knowledge endeavors, and sweats, and puffs, and if one looks at him he just like any ordinary man, except that the folly of his life is under control. Nothing being more important than anything else, a man of knowledge chooses any act, and acts it out as if it mattered to him. His controlled folly makes him say that what he does matters and makes him act as if it did, and yet he knows that it doesn't, so when he fulfills his acts he retreats in peace, and whether his acts were good or bad, or worked or didn't, is in no way part of his concern.«[17] Wie der indische Heilige weder ein Lebender noch ein Toter, sondern ein »Toter« (oder ein »Lebender«) ist, so *ist* der »man of knowledge«, doch zugleich ist er auch *nicht:*

»Upon learning to *see* he no longer needs to live like a warrior, nor be a sorcerer. Upon learning to *see* a man becomes everything by becoming nothing. He so to speak vanishes and yet he's there. I would say that this is the time when a man can be or can get anything he desires. But he desires nothing, and instead of playing with his fellow men like they were toys, he meets them in the midst of their folly... A man who *sees* has no longer an active interest in his fellow men. *Seeing* has already detached him from absolutely everything he knew before.«[18] Und in diesem Sinne heißt es auch bei Bhagwan:

»Mich kann nichts zur Verzweiflung bringen, denn ich erwarte nichts von euch. Wenn ihr erleuchtet werdet, ist es gut, und wenn ihr nicht erleuchtet werdet, ist es auch gut. Ich habe nicht den Wunsch, daß ihr erleuchtet werdet.«[19]

Tritt man weit genug von den Dingen zurück, sieht man sie etwa im Schatten der Ewigkeit, zusammen mit den zahllosen Dingen, die vorher waren oder die nachher sein werden, dann verlieren sie jegliche Bedeutung und Wichtigkeit: sie werden leer und man wird selber leer und frei, man kommt, wie Bhagwan sagt, inmitten des Wirbelwinds zur Ruhe. Oder in den Worten Nietzsches:

»Wem ein tätiger und stürmischer Morgen des Lebens beschieden war, dessen Seele überfällt um den Mittag des Lebens eine seltsame Ruhesucht, die Monden und Jahre dauern kann. Es wird still um ihn, die Stimmen klingen fern und ferner, die Sonne scheint steil auf ihn herab. Auf einer verborgenen Waldwiese sieht er den großen Pan schlafend. Alle Dinge der Natur sind mit ihm eingeschlafen, einen Ausdruck von Ewigkeit im Gesichte – so dünkt es ihn. Er will nichts, er sorgt sich um nichts, sein Herz steht still, nur sein Auge lebt – es ist ein Tod mit wachen Augen. Vieles sieht da der Mensch, was er nie sah, und so weit er sieht, ist alles in ein Lichtnetz eingesponnen und gleichsam darin begraben. Er fühlt sich glücklich dabei, aber es ist ein schweres, schweres Glück.«

Auch der Kranke, der Schizophrene ist ein am Dasein Leidender, mehr noch, er ist bisweilen ein Mensch, von dessen Leiden sich mancher Jünger Castañedas oder Bhagwans kaum ein Bild machen kann, und auch für ihn sind das »Zurücktreten«, das »Sterben im Leben«, aber auch das »Verobjektivieren« Möglichkeiten, den Daseinsdruck und die Lebensspannung zu mindern. Solche »Depersonalisierte« sprechen nicht selten von sich selber und den anderen Menschen als »Apparaten«, »Maschinen«, »Dingen«, ähnlich wie jener berühmte kalifornische Herzspezialist, von dem Paul Feyerabend erzählt, daß er seine Patienten »Präparate« nennt, vielleicht weil er wirkliche *Menschen* nicht medizinisch behandeln könnte. »Ich könnte die anderen zerschlagen wie Holzpuppen«[20], meint ein anderer Kranker, und ein weiterer hat alles dermaßen objektiviert, daß er nicht mehr »ich« sagt, sondern »der ich«.[21]

Freilich zeigt sich in dem, was die Psychopathologen das »paranoide Syndrom« nennen, geradezu das Gegenteil zur Entleerung und Verödung der Welt, nämlich eine, sagen wir »Archaisierung« der Wahrnehmung und der Empfindungen, oder genauer gesagt: es hat den Anschein, daß durch Krankheit, durch den Einfluß halluzinogener Drogen oder durch die Erfahrung von Extremsituationen, wie sie in den Initiationen der Naturvölker oder den Visionssuchen der Plains-Indianer angestrebt werden, eine archaische Wahrnehmung freigesetzt wird, die wiederum in Wahnsystemen oder in schamanistischen Philosophien eine mehr oder weniger überlieferte Bedeutung erhält. So treten etwa unter dem Einfluß von LSD, Meskalin oder Ayahuasca, der »Liane des Todes« südamerikanischer Indianerstämme, die Handlungsimpulse des tätigen Subjekts in den Hintergrund, während die Welt der Empfindungen und Wahrnehmungen geradezu übermächtig wird: die Reflexion verflüchtigt sich und die Dinge drängen hervor, als ob sie vom Griff des Verstandes befreit wären. So sagt etwa Don Juan zu Castañeda:

»Der Felsen ist ein Felsen, weil du weißt, was du damit anfangen kannst. Das nenne ich ›tun‹. Ein Wissender weiß, daß der Felsen nur wegen des ›Tuns‹ dieser Felsen ist, wenn er also will, daß dieser Felsen kein Felsen ist, braucht er nur ›nicht tun‹. Verstehst du das?«[22]

Wenn sie etwa ein Gefäß anschaute, das auf dem Tisch stand, berichtet eine schizophrene Frau, dann war das »kein Gefäß mehr, das dazu dient, mit Wasser oder Milch gefüllt zu werden, oder ein Stuhl, der zum Sitzen da ist. Nein! Sie hatten ihren Namen, ihre Funktion, ihre Bedeutung verloren… Ich versuchte, ihrem Zugriff dadurch zu entgehen, daß ich ihre Namen aussprach. Ich sagte: ›Stuhl‹, ›Krug‹, ›Tisch‹ – ›Das ist ein Stuhl!‹, doch das Wort war wie abgezogen, jeder Bedeutung entleert, es hatte den Gegenstand verlassen, sich von ihm losgelöst, so daß es auf der einen Seite das ›lebendige spöttische Ding‹ gab und auf der anderen seinen sinnentleerten Namen, wie ein seines Inhalts entleerter Umschlag. Es gelang mir nicht mehr, sie wieder zusammenzubringen.«[23]

»Bewußtseinsverengung« nennen die Psychologen diesen Zustand, denn in der Tat zieht sich das Bewußtsein immer mehr aus dieser veränderten Welt zurück, bis es überhaupt nicht mehr vorhanden ist. Nun wird verständlich, was etwa die Mystiker damit meinen, wenn sie sagen, daß ein Staubkorn das ganze Universum sei, denn es gibt da nichts mehr, was von dem Staubkorn getrennt wäre, etwas, was das Staubkorn *nicht* ist, etwa jemanden, der es betrachtete. Mit gleichem Recht, mit dem die Wissenschaftler von »Bewußtseins*verengung*« sprechen, kann man natürlich auch von »Bewußtseins*erweiterung*« reden, denn es ist schließlich nur eine Sache der Perspektive, ob man sagt, daß nur noch die Welt oder nur noch das Bewußtsein existierten: beide Begriffe, der des »Bewußtseins« und der der »Welt«, werden hinfällig, innen und außen, Subjekt und Objekt gibt es nicht mehr. Dies ist der Augenblick, wo in den Worten Bhagwans der Samnyasin den »wahren Selbstmord« begangen hat. Der persische Mystiker Ferid-ed-din-Attar beschreibt diesen Prozeß mit den Worten:

»Als die Sonne der Auflösung über mich leuchtete, verbrannte sie beide Welten so leichthin wie ein Hirsekorn. Ob auch ich in meinem Spiel zuweilen gewonnen und zuweilen verloren habe, zuletzt warf ich alles in das schwarze Wasser. Ich bin ausgewischt worden, ich bin verschwunden – nichts ist von mir geblieben. Ich war nur noch ein Schatten, kein kleinstes Stäubchen war von mir da. Ich war ein Tropfen, im Ozean des Geheimnisses verloren, und jetzt finde ich auch diesen Tropfen nicht mehr.«[24]

Oder in den Worten einer Frau, die ihre Zen-Meditation schildert:

»Geheimer Unwille und versteckte Ängste flossen aus mir wie Gift... Ich bin tot! Es gibt nichts mehr, was sich noch *Ich* nennen könnte. Es gab niemals ein *Ich*. Es ist eine Allegorie, eine geistige Vorstellung, ein Muster von etwas, was niemals entworfen wurde.«[25]

Jeder, der Erfahrungen mit halluzinogenen Drogen gemacht hat, weiß, daß man sich gegen die Erfahrung der Auflösung des eigenen Bewußtseins, der Subjektivität, nicht *stemmen* darf, obwohl fast jede Faser des Ich geneigt ist, genau dies zu tun. Bläht man das Bewußtsein auf wie einen Ochsenfrosch, überdehnt man es, dann läuft es nur Gefahr, auf die schmerzhafteste Weise zu zerplatzen. Gerade ein festes, ein »gepanzertes Ich«, wie Norbert Elias sagt, wird dann leidvoll zerstört, und so ist es bezeichnend, daß in Kulturen, in denen man sich weniger an einem autonomen, sich abschließenden, aktiven und die Dinge sich aneignenden und sich untertan machenden Ich-Ideal orientiert, daß in solchen Kulturen allem Anschein nach jene Psychosen sehr selten sind, in denen gerade das Intimste und Privateste, die »Innensphäre«, die heimlichen Gedanken und Gelüste, die Leichen im Keller des Halbbewußten den Blicken der Öffentlichkeit preisgegeben sind.[26]

Wir sahen, daß in dem, was wir »archaische Wahrnehmung« genannt haben, plötzlich die Dinge aus ihrer Anonymität, aus ihrer »Objektivität« hervortreten, ihren »Dingcharakter« abstreifen, und zwar vor allem dann, wenn die Handlungsimpulse des Wahrnehmenden zurücktreten, wenn er den »Tod mit wachen Augen« erlebt, wie Nietzsche sagt, daß dann die Welt *perspektivisch* wird, *physiognomisch* statt geographisch,[27] daß in dem, was die Psychopathologen »Beziehungswahn« nennen, irgendein Ereignis, das uns im Normalzustand relativ kalt ließe, das uns »objektiv« erschiene, nun zum *Zeichen*, zum *Omen* wird. Die Welt verwandelt sich in eine märchenhafte Welt, »märchenhaft« aber diesmal im Sinne von rätselhaft – nichts ist einfach nur eine nüchterne, man ist versucht zu sagen: eine müde Tatsache. Hinter allem verbirgt sich vielmehr ein Geheimnis. Wenn Wittgenstein schrieb: »Nicht *wie* die Welt ist, ist das Mystische, sondern *daß* sie ist«,[28] so gilt hier beides: das daß *und* und das wie verlieren ihren Selbstverständlichkeitscharakter, und Aussagen, die einem Philosophen wie Wittgenstein Paradebeispiele für Sinnlosigkeit sind, erhalten nunmehr einen ganz klaren Sinn. Nicht nur die Natur schlägt ihre Augen auf, was Adorno im Gefolge Jakob Böhmes von der Wahrnehmung in einer befreiten Gesellschaft erträumt hatte, die Uhr grinst einen an, der Schrank verschweigt etwas, die Farben schreien, und dies nicht etwa metaphorisch, kurz: die Verhältnisse tanzen auf dem Tisch, weil die verordnende Vernunft außer Hause ist.

Je weniger man selber *tut*, um so mehr wird von den Dingen *getan*, die Dinge des Alltags werden fremd, aber gleichzeitig auf untergründige Weise vertraut, sie werden aktiv und schwemmen das Ich, das wahrnehmende Bewußtsein von der Szenerie.[29] Der Arm, der einst *sein* Arm war, fliegt aus der Ferne auf den Betrachter zu, die Stimme, die einstmals seine war, ertönt aus dem Nebenzimmer, und die ehedem eigenen Gedanken sind fremde, »gemachte« Gedanken. Der Mensch, der zuvor den Dingen seinen Stempel aufgedrückt hatte, wird jetzt bisweilen ein ohnmächtiges Opfer, das überwältigt wird, aus der Distanz angerührt, angeblasen, angespritzt, elektrisiert, hypnotisiert. »Die Mächte« sind für ihn feindliche Mächte, sie »gleichen dem Wind, dem Fluß, dem Feuer. Sie gleichen in dieser Flüssigkeit und Flüchtigkeit, in der Unmöglichkeit, ihrer habhaft zu werden, den Stimmen«, die ihm zuraunen und geheime Botschaften übermitteln. »Sie dringen in das innerste Dasein des Kranken, sie rühren an sein Herz, sie vergewaltigen ihn geschlechtlich und bleiben doch auf Distanz.«[30] Als Succubus oder als Lilith, der von Gott aus dem Paradies verstoßenen ersten Frau Adams, zapfen sie ihm den Samen ab, als Incubus dringen sie auf leider meist freudlose Weise in sie ein, denn die Patientin ist des Teufels *Opfer*, wie der Patient das Opfer der Feen ist, der *bonnes dames,* der Neraiden, der *oi kalotyches,* »jenen vom guten Schicksal«, einem Schicksal, das sich nicht mehr sabotieren läßt. Sie selber, die Opfer, sind ohne Aktivität, es gibt keine Gegenseitigkeit, keine Zärtlichkeit, keine Liebe.[31]

Doch trotz dieser Distanz erscheinen die »Mächte« dieser physiognomischen Welt intensiver und eindringlicher als je zuvor: »Die Eindrücke tun mir so weh«, sagte eine schizophrene Frau, »die Farben sind leuchtender« ein anderer Patient, »aber trotzdem ist alles *un*wirklich.« Und nur vordergründig im Gegensatz hierzu meint ein Dritter: »Im Garten war alles *zu* wirklich, die Farben zu bunt, die Geräusche *zu* auffallend. Manchmal bekomme ich das Gefühl, daß die Dinge viel wirklicher sind als gewöhnlich.«[32] Denn »unwirklich« und »zu wirklich« sind hier Synonyme: sie stehen für eine übermächtig gewordene Realität, die nicht länger abgewehrt werden kann: die Erde macht sich den Menschen untertan.

Fremden Kulturen, Kulturen, die auch im Alltag weniger den tätigen, handelnden, schaffenden Menschen, der nach der Lehre des Marxismus sich allererst in der Arbeit zu dem *macht,* was er ist, kurz, die nicht den *homo faber* zum Ich-Ideal stilisiert haben,[33] ist es im Laufe der Zeiten gelungen – und dies hat der Indianerforscher Werner Müller auf eindringliche Weise am Beispiel der Dakota gezeigt[34] –, die Sprache dessen, was zuvor nicht sprach, zu verstehen, die Rätselhaftigkeit der physiognomischen Natur zu dechiffrieren. So sagt etwa ein Schamane der Teton-Dakota über den Visions-Sucher:

»The vision may come to him, either when he is awake, or when he is asleep. It may appear in the form of anything that breathes or as some inanimate thing. If it communicates with him, it may speak intelligibly to him, or it may use words that he does not understand, or speak in the language of beasts or birds. By something it says or does it will make known to him that it is the vision he seeks.«[35]

Denn aus der Art und Weise, *wie* der Donnervogel, die Klapperschlange oder wer auch immer ihm begegnet ist, wird er Dinge über sich selber erfahren, die er zuvor vielleicht geahnt haben mag, die ihm aber nie deutlich waren. So erkennt mitunter der Dakota, daß das Gesicht des visionären Weibes, das ihm in einer Höhle begegnet, *sein eigenes* Gesicht ist, so erfährt der australische Ureinwohner in der Initiation, daß »dieses da«, etwa ein Wallaby oder ein Leguan, der auf dem Baum sitzt, *er selber* ist.

Der südafrikanische Psychiater David Cooper erzählt in einem anderen Zusammenhang eine Geschichte, die dies veranschaulicht:

Einem tibetanischen Mönch, der schon seit langer Zeit in der Einöde lebte, erschien eines Tages während der Meditation eine Spinne. »Diese Spinne erschien ihm jeden Tag, und jedes Mal schien sie ihm größer geworden, bis sie schließlich genauso groß war wie er. Sie hatte so schreckliche Ausmaße angenommen, daß der Mönch bei seinem Guru um Rat nachsuchte. Dieser empfahl ihm folgendes: ›Das nächste Mal, wenn dir die Spinne erscheint, zeichne ihr ein Kreuz auf den Bauch, und wenn du genügend nachgedacht hast, dann stoße ein Messer in die Mitte des Kreuzes.‹ Am nächsten Tag erschien dem Mönch die Spinne, er markierte das Kreuz und dachte nach. Doch als er soweit war und das Messer in den Bauch der Spinne stoßen wollte, sah er nach unten, und verblüfft entdeckte er, daß er mit dem Kreuz den eigenen Nabel markiert hatte.«[36]

Wie wir bereits sahen: es ist einerlei, ob wir sagen: das Ich ist die Welt, das Bewußtsein erweitert sich zur Welt, oder ob wir sagen: die Welt ist alles und damit – nichts. Das ist die Erfahrung (oder Nicht-Erfahrung) des Nichts, der »Leere«, von der zu Beginn des Vortrags der Zen-Meister Yün-men und später der Bhagwan und Don Juan sprachen, oder genauer: das *ist* das Nichts – es ist, in den Worten Meister Eckhards, *sunder warumbe,* »ohne warum«, denn alles ist, was es ist, nämlich nichts. In einem japanischen Haiku heißt es:

> In den alten Teich
> Springt ein Frosch.
> Plumps.

Oder in den Worten einer schizophrenen Frau:

»Wenn die Seele gefüllt ist mit Erschütterungen, wenn der Stein im Herzen rollt, da ist man satt und ruhig. Die Natur steht nicht außerhalb. Man bewundert die Bäume und das Herbstlaub nicht, man findet nichts schön, man bezeichnet sich nicht als glücklich, sondern man ist eins mit dem Baum, mit dem Tier, und man ist leer und ruhig. Dann sieht man auf Zimmerdecken wie auf bunte Herbstbäume.«[37]

Wir sahen, wie die »Physiognomierung« der Gegenstandswelt uns *im Grunde* das eigene, versteckte Gesicht zeigt – *Tat tvam asi,* »Dies bist du« heißt es in der indischen Philosophie, und die Weisen alter und fremder Völker haben allemal die Einsicht im Sinne einer Erfahrung der Einheit in der Vielheit gesucht. Dazu bedurfte es der Demut, des »Unwichtigwerdens«, der Einsamkeit und des Leidens. »Wahre Weisheit«, sagt der Karibu-Eskimo-Schamane Igjugarjuk zu dem dänischen Ethnologen Knud Rasmussen, »kann nur fern von den Menschen gefunden werden, draußen in der großen Einsamkeit, und sie wird nicht im Spiel, sondern nur durch Leiden gewonnen. Einsamkeit und Leiden schließen des Menschen Seele auf, und deshalb soll der Schamane hier seine Weisheit suchen.«[38]

Oder wie es eine südafrikanische *sangoma,* eine Medizinfrau, ausdrückt:

»Aber du mußt fortgehen, in die Berge, verstehst du. Wie kannst du irgend etwas wissen, wenn du nicht fortgehst? Wie können die Menschen etwas über die Geister der Berge und Flüsse erfahren, wenn sie nur zur Universität gehen? Nein, wenn du etwas über die Geister lernen willst, dann mußt du alleine gehen, fort zu den Stätten der Wildnis.«[39]

Mächtige Strömungen der westlichen Philosophie gehen eher den entgegengesetzten Weg, denn sie befürchten, die Preisgabe der Ratio, das Fluten der Schotten der Vernunft ziehe das Überschwemmtwerden durch Wogen von Keimen, Dreck und Unrat nach sich. Während die Philosophen der Eskimos oder der Indianer, der Buschleute oder der Japaner *schweigen,* damit die Dinge zu ihrer verlorenen Sprache finden, die Vögel und Tiere, das Wasser und die Bäume, die Sträucher, die Steine und die Erde, bestehen die letzten Schritte positivistischer Philosophie in einer »Entseelung« der Dinge und konsequenterweise auch in einer »Entseelung der Seele«, der Töne, der Farben, der Empfindungen und Wahrnehmungen. Im Physikalismus eines Rudolf Carnap ist der Begriff »grün« nur noch ein vereinfachter Ausdruck für Schwingungszahlen, im neuesten Materialismus sollen Empfindungs- und Bewußtseinsbegriffe durch Prädikate ersetzt werden, die sich auf elektro-chemische Prozesse des zentralen Nervensystems beziehen, weil Worte wie »Schmerz« oder »Wahrnehmung« für Prädikate einer vorwissenschaftlichen »Theorie« gehalten werden, gewissermaßen einer Neandertaler-Metaphysik, die durch eine »objektivere«, bessere, modernere, exaktere, eben eine neurophysiologische, ersetzt werden soll,[40] im Behaviorismus werden menschliche Handlungen auf naturwissenschaftlich hinreichend beschreibbare Dispositionen reduziert, und mein Verhältnis zu einem anderen Menschen ist schließlich keine »Einstellung zu einer Seele« mehr, wie Wittgenstein sagt, sondern nurmehr eine Einstellung zu einem Organismus, der so fremd ist wie ein Pantoffeltierchen.[41] Auch hier hat die szientistische Philosophie jene Form von »Depersonalisation« anvisiert, in der der Kranke keinem anderen *Menschen,* keiner *Person* mehr gegenübersteht, sondern einer Holzpuppe, der er ohne weiteres den Kopf abschlagen kann.

Ich möchte betonen, daß ich an dieser Stelle nicht argumentiere, der Materialismus oder der Behaviorismus seien *falsch*[42], denn schließlich ist, wie Hegel sagt, bis zu einem gewissen Grade jede Philosophie ihre Zeit in Gedanken erfaßt. Ich möchte viel eher darauf hinweisen, was es *bedeutet,* die Welt in der materialistischen oder in der behavioristischen Perspektive zu sehen. Denn solche Philosophien wie der inzwischen raffiniert verfeinerte »central state materialism« sind nicht völlig dem tatsächlichen Leben entfremdete Produkte einer eigendynamischen wissenschaftlichen Entwicklung, sie gehören vielmehr, wenn der Ausdruck erlaubt ist, zum »zivilisatorischen Syndrom«. Ein Beispiel mag dies veranschaulichen:

Im Altenglischen waren die Farbwörter noch nicht Farbbezeichnungen in unserem modernen, »objektiven« Sinn, vielmehr beinhalteten sie noch all das mit, was wir heute anderen Sinnbereichen zuordnen und mit separaten Begriffen bezeichnen: *sweorc* etwa bedeutete »dunkel-schaurig-verhüllt«, *grēne* »grün-fruchtbar-günstig«,[43] was genau den sogenannten »synästhetischen« Empfindungen entspricht, die wir aus der Meditation, der Drogenerfahrung, der Poesie oder der Schizophrenie her kennen. »Wenn ich ›rot‹ sage«, meint etwa ein schizophrener Patient, »so ist das ein Begriff, der in Farben, Musik, Gefühl, Sinnen und Natur ausgedrückt werden kann. Der Mensch hat also nicht *fünf* Sinne, sondern *einen* Sinn.«[44]

Die moderne Welt hingegen ist tendenziell eine distinguierte Welt, eine »Welt der Trennungen«, wie es in der chinesischen Philosophie heißt. Für uns »konfundiert« der Kranke lediglich Dinge, die in Wirklichkeit nicht zusammengehören, »Synästhesien« drücken einen *Mangel* aus, einen Mangel an Unterscheidungsvermögen. Oder der Betreffende scheint nicht in der Lage zu sein, sich selber auf realistische Weise von der Außenwelt abzugrenzen, wenn er etwa »Stimmen« hört. Aber was ist realistisch? *Was* ist die Wirklichkeit?

Achilles spürt vor Troja einen unwiderstehlichen Zorn in sich aufwallen, wie er ihn selten verspürt hat. »Das war nicht *sein* Zorn«, heißt es, »das war der Zorn *eines Gottes,* der ihn besuchte«.[45] In anderen Worten: der archaische, der homerische Grieche zieht die Grenze zwischen »subjektiv« und »objektiv«, zwischen »innen« und »außen« an einer anderen Stelle als wir. Aber wo sind die Kriterien, die es uns erlauben, ihn als »naiv« oder »irrational« zu tadeln? Wer kann sagen, daß der alte Angelsachse Dinge miteinander vermischte, die *von Natur aus* nichts miteinander zu tun haben? Könnten dieser oder Achill nicht mit gleichem Recht sagen, daß der moderne Bürger einer Industriegesellschaft auf barbarische Weise Zusammengehöriges auseinanderreiße? Oder daß letzterer mit der Hybris des heutigen Menschen den Zorn Apolls für den eigenen halte?

Ich will hier natürlich nicht sagen, daß die archaischen Menschen keine Trennung von »Subjekt« und »Objekt« kannten und dergleichen mehr. Ich will nur sagen, daß *ihnen* noch die Erfahrung jener »anderen Seite«, auf der es diesen Unterschied nicht gab – Castañedas Don Juan benutzt dafür den aztekischen Begriff *nagual* – vertrauter war als uns Heutigen, und vor allem, daß sie diese Erfahrung zu *nutzen* wußten, oder, etwas moderner ausgedrückt: daß sie ein Verständnis der *Dialektik* der beiden Bereiche hatten. Dies scheint auch der entscheidende Punkt zu sein, der die »archaischen« Schamanen von den Erlösungsphilosophen à la Bhagwan oder Don Juan trennt: auch die letzten beiden kennen im Grunde keine Dialektik von *samsara* und *nirvana,* von Zivilisation und Wildnis, von Rationalem und Irrationalem, von *tonal* und *nagual.* So sagt etwa Castañedas Don Juan:

»Whenever you are in the world of the *tonal,* you should be an impeccable *tonal,* no time for irrational crap. But whenever you are in the world of the *nagual,* you should also be impeccable, no time for rational crap. For the warrior, intent is the gate in between. It closes completely behind him when he goes either way.«[46]

In Wirklichkeit schließt sich jedoch dieses Tor für den, der es durchschritten hat, nie, und so nutzen auch die wirklichen Schamanen die Erfahrung der »anderen Seite« für die Bewohner der »Insel des *tonal*«, die sie heilen, wenn sie krank sind, denen sie bei der Jagd helfen usw. Einen *wirklichen* Schamanen würden die Sprüche Don Juans vom »man of knowledge«, der keine Ehre kennt, keine Würde, keine Familie, keinen Stamm, noch tausendmal mehr befremden als uns. Und was würde er denken von einem Bhagwan, der einen *hadiqua,* einen Paradiesgarten voll harmloser, ewig hüpfender, singender und lachender orangegekleideter Kinder entwirft und der diesen Kindern erzählt:

»Ein Buddha lebt tagein, tagaus, 24 Stunden am Tag, im Zustand des Orgasmus. Zwischen dem Tag, an dem Gautama Buddha erleuchtet wurde, und dem Tag, an dem er starb, liegen 42 Jahre. In diesen 42 Jahren befand er sich unaufhörlich in einem Zustand des absoluten, vollkommenen Höhepunktes. Überlegt euch das einmal... die wenigen Momente, die ihr erlebt, sind nichts im Vergleich zu einem Buddha.«[47]

Ich weiß nicht, was er denken würde. Vielleicht würde er denken: »Wahrlich, Bhagwan, ein Guru für reiche Kinder.«

Wir sagten, daß der moderne Mensch eher zur *Verdrängung* des »ganz Anderen« neigt[48], weshalb er leicht ein Opfer der Wiederkehr des Verdrängten wird, wie es beispielsweise Horkheimer und Adorno in der *Dialektik der Aufklärung* beschrieben haben. Oder aber, was im Prinzip auf dasselbe hinausläuft – er *flüchtet* in das »Ganz Andere« und träumt vom vierzigjährigen unaufhörlichen Orgasmus wie ein kleines Kind von einem Riesenberg Zitroneneis. Hier wird er genauso schnell das Opfer der Verdrängung der Banalität, aus der er entfliehen will, die ihn aber immer schon eingeholt hat.

Nehmen wir als ein Beispiel für die Verdrängung den Philosophen Ludwig Wittgenstein, der freilich insofern kein typischer moderner Philosoph sein mag, als bestimmt nicht die Aussicht auf eine spätere Pension oder gar auf eine »kritisch-rationale Diskussion« zu dem gehörte, was ihn zum Philosophieren brachte. Vielmehr war es »die Unruhe des Geistes«, der wir schon mehrmals begegnet sind, und damit die Schatten des Wahnsinns, die ihn nach einem Ausweg sinnen ließen, das Denken zur Ruhe zu bringen.

»Wenn wir im Leben vom Tod umgeben sind, so auch in der Gesundheit des Verstandes vom Wahnsinn«,[49] schreibt er, und an einer anderen Stelle: »Friede in den Gedanken. Das ist das ersehnte Ziel dessen, der philosophiert.«[50] Zeitlebens spürte er die »Krankheit des Denkens« in sich, und er wußte einerseits wohl:

»In der Philosophie darf man keine Denkkrankheit *abschneiden*. Sie muß ihren natürlichen Lauf gehen, und die *langsame* Heilung ist das Wichtigste.«[51]

Aber betrachtet man seine Philosophie, so sieht man andererseits recht wenig von einer Einsicht in den Nutzen der Krankheit, der Irrationalität, des Un-Sinns, des Verrückt-Seins, der Ek-stasis für die Gesundheit des Geistes. Ja, es hat den Anschein, daß er diesem Unsinn geradezu systematisch aus dem Wege geht:

»Man könnte einem, der gegen zweifelsfreie Sätze Einwände machen wollte, einfach sagen ›Ach Unsinn!‹ Also nicht ihm antworten, sondern ihn zurechtweisen.«

Daß dies nicht immer so gewesen ist, zeigt ein interessantes Gespräch, das Wittgenstein am 30. Dezember 1929 in der Wohnung Moritz Schlicks führte und das Friedrich Waismann aufgezeichnet hat. Dort sagt Wittgenstein bezüglich des Heideggerschen Satzes »Das Wovor der Angst ist das In-der-Welt-Sein als solches«:[52]

»Ich kann mir wohl denken, was Heidegger mit Sein und Angst meint. Der Mensch hat den Trieb, gegen die Grenzen der Sprache anzurennen. Denken Sie z. B. an das Erstaunen, daß (überhaupt) etwas existiert. Das Erstaunen kann nicht in Form einer Frage ausgedrückt werden, und es gibt auch gar keine Antwort. Alles, was wir sagen mögen, kann a priori nur Unsinn sein. Trotzdem rennen wir gegen die Grenze der Sprache an. Dieses Anrennen hat auch Kierkegaard gesehen und es sogar ganz ähnlich – als Anrennen gegen das Paradoxon – bezeichnet… Aber die Tendenz, das Anrennen, *deutet auf etwas hin*. Das hat schon der heilige Augustin gewußt, wenn er sagt: ›Was, du Mistviech, du willst keinen Unsinn reden? Rede nur Unsinn, es macht nichts!‹«[53]

In seiner späteren Philosophie hat Wittgenstein indessen vieles von seiner Energie darauf verwendet, dieses Anrennen gegen die Grenzen der Sprache zu bremsen, es beiseite zu wischen. Für ihn und damit für einen gut Teil der analytischen und positivistischen Philosophie sind gewisse Fragen und

Zweifel, wie sie charakteristisch sind für die philosophische Tradition, Indizien eines Wahnsinns, der zu keiner Einsicht führt. Der Zweifel an der »Existenz der Außenwelt« beispielsweise ist für ihn im strengen Sinne ohne Sinn, weil es sich hier nicht um einen Zweifel an irgend *etwas* (etwa der Existenz des Sasquatch), sondern um einen Zweifel an der logischen Grammatik unserer Sprache handelt, um das, was Carnap »external questions« oder was eine schizophrene Frau »die unnatürlichen Fragen« genannt hat, und damit um den Versuch einer Infragestellung der Grundlagen unserer Lebensform, eine Infragestellung, die ihrerseits keinen *Grund* haben kann. Gleiches gilt für den Zweifel an der Existenz fremden Bewußtseins, und auf die Frage, ob er denn nicht die Augen vor dem Zweifel nur schließe, entgegnet Wittgenstein lapidar: »Sie *sind* mir geschlossen.«

Nun haben wir bereits gesehen, daß die sogenannte »Depersonalisation« unter anderem genau darin bestehen kann, daß sich diese im Alltag und in der Wissenschaft geschlossenen Augen öffnen, was zumeist einem schmerzlichen Verlust der natürlichen Selbstverständlichkeit gleichkommt. »Die anderen«, sagt eine Patientin, »stellen nur die *richtigen* Fragen, die *natürlichen* Probleme... das berührt sie nicht so persönlich. Deshalb können sie gelassener sein, natürlicher... (Für mich dagegen ist) alles, überhaupt *alles* so fragwürdig.«[54]

Oder bezüglich des Selbstbewußtseins, das ja bekanntlich für die analytische Philosophie keine *Erfahrung* sein kann.[55]

»Ich saß mit meiner Mutter im Taxi, als ich plötzlich merkte, mir plötzlich klar wurde, daß ich ich bin und sie sie.«[56]

Oder ein dritter Schizophrener:

»Ich saß neben dem Feuer und realisierte plötzlich: ich war ich! Ich war außerhalb meiner selbst gestellt und sah mich selbst. Seither bin ich mir absolut bewußt, mir meiner selbst bewußt zu sein.«[57]

Erst die Ekstase macht hier also ein wirkliches Selbstbewußtsein möglich, und es ist vielleicht nicht unwichtig, daran zu erinnern, daß szientistische Philosophen wie Ernst Topitsch mit Recht derartige Erkenntnisse und Fragestellungen letzten Endes auf die außergewöhnlichen Erfahrungen innerhalb ekstatischer hyperboräischer Traditionen und deren Nachwirken in der griechischen und später der neuzeitlichen, besonders der idealistischen Philosophie zurückgeführt haben, freilich eher mit der Absicht, durch einen solchen Nachweis diese Philosophie zu diskreditieren.

Pointierter noch als Wittgenstein glauben auch viele Psychopathologen unseres Kulturkreises, die »Gesundheit des Geistes« *aus sich selber heraus,* unter Vermeidung der Grenzverletzung, erhalten, oder vielleicht genauer gesagt: bewerkstelligen zu können. So hält es beispielsweise der bekannte Psychiater Kulenkampff für eine unerläßliche Voraussetzung der Gesundheit, »daß wir die Ordnung nicht verlassen, daß es zu keiner Grenzüberschreitung kommt… In eine Krise – und das ist hier an und über die Grenze – *gerät* man. Das Subjekt gerät in den kritischen Grenzbereich der Ordnungen, wenn es das Wagnis solcher Annäherung auf sich nimmt und scheitert, wenn sein freier Entschluß, sein Übermut, sein Kampfgeist, seine kurzsichtige Torheit den Menschen aus der Mitte der Geborgenheit in die gefahrvolle Randzone einer je geordneten Welt werfen.«[58]

Dieses »Hineingehen in den Strudel der Grenzzone«, wie Kulenkampff sich ausdrückt – man denkt dabei unwillkürlich an die Grenze zwischen Leben und Tod in der *Odyssee,* an Skylla und Charybdis, das Tor zur Unterwelt – erhält nun im Gegensatz zu den meisten westlichen Philosophen und Psychiatern bei den Mystikern – man denke an »die dunkle Nacht der Seele« bei Johannes vom Kreuz – und bei alten und fremden Völkern[59] eine ganz andere Bedeutung. Wenn Wittgenstein in einem Brief an Bertrand Russell schreibt, es müsse dem Philosophen darum gehen, »dem Tod ins Auge zu schauen«,[60] so findet sich dieselbe Formulierung bei den Ekstase-Tänzern der !Kung-Buschleute in der Kalahari-Wüste, und eine schizophrene Frau sagt:

»Ich war im Tod. Er war ich. Ich habe ihn gefaßt. Er ließ es geschehen, und ich habe ihn losgelassen, das Jungfernhäutchen des Bewußtseins durchschlagen im Tod, ich falle auf der anderen Seite des Bewußtseins ewig weiter. Weiter – ewig – wie vordem – für – aus – nichts – wie alles fällt – ewig fällt – und nicht auftrifft – in unendlicher Bewegung zum Stillstand geworden.«[61]

Nur wer sich auf Tod und Wahnsinn, auf das »Irrationale«, *einläßt,* ist vor der gefährlichen Wiederkehr des Verdrängten sicher, er muß den Weg durch den Wahnsinn gegangen sein, um allererst ein Wissen um die Normalität, das Alltagsleben erlangen zu können. Der Weg zur Gesundheit des Geistes geht bei diesen Völkern nur über die Erschütterung des Geistes.[62] Wer sich indessen *gegen* die Ek-stasis des Dionysos stellte, wer sich ihr durch Aufblähen der Ratio verweigerte, den schlug der Gott »gerade an dem ›Organ‹, mit dem er sich gegen ihn auflehnen und dessen Verlust er vermeiden wollte«, wie König Pentheus in Euripides' *Bacchen,* oder er wurde zerrissen wie Orpheus von den Mänaden, den Begleiterinnen des Gottes. *Mit Hilfe* des göttlichen Wahnsinns heilte in den Dionysien der Weihepriester die krankhaft Wahnsinnigen, ähnlich auch die athenischen Korybanten der »Großen Göttin« oder die Priesterin der Hekate-Mysterien auf Ägina.[63] Nur wer das Wagnis auf sich nimmt, dem lettischen Waldgeist *vadatajs* ins Gesicht zu schauen – berichtet der Religionswissenschaftler Haralds Biezais – wird frei von ihm.[64]

Auf die Frage der Ethnologin Monica Wilson, warum sie so ungezähmte und wilde Rituale aufführten, erwiderten die afrikanischen Nyakyusa:

»There is much idiocy *(ubulema)* if you do not perform the ritual, and madness *(ikigili).*«[65] Und ein brasilianischer Umbanda-Geist sagte zu der Ethnologin Esther Pressel mit zorniger Stimme, er sei nicht eben glücklich über sein Medium, weil dieses sich so sehr dagegen sträube, von ihm besessen zu werden. Er fügte hinzu, daß er Cecilias Leben *halbieren* würde, falls sie nicht bereit sei, sich ihm hinzugeben. Oder, in wissenschaftlichen Worten: der Umbanda-Geist droht mit

Desintegration der Persönlichkeit. Man mag hier an die Fälle von »multipler Persönlichkeit« denken, etwa an den klassischen Fall der dreigeteilten Miss Beauchamp, oder an jenen Fall, von dem Sigmund Freud berichtet, dem einer Frau, »in« der ein Mann lebte, der mit »seiner« Hand der Frau das Kleid vom Leib reißen wollte, während die »weibliche« Hand es fest an den Körper preßte.[66]

Wir haben vorhin den Eskimo-Philosophen erwähnt, der zu bedenken gab, daß Weisheit nur durch Leiden und durch Einsamkeit erlangt werden könne, Worte, die wohl einigermaßen befremdend klingen mögen in den Ohren von Menschen, deren ganzes Sinnen auf die *Verringerung* von Leiden, auf »Kommunikation«, auf »Beziehungen«, auf die *Vermeidung* jeder Form von Einsamkeit und Leid gerichtet ist. So nimmt es auch nicht Wunder, daß unsere Zivilisation vielen Naturvölkern, vornehmlich den nordamerikanischen Indianern, stets als eine infantile, unerwachsene Kultur erschienen ist und daß man den Weißen mitunter jene Form der Ehrerbietung verweigert hat, wie sie gegenüber Erwachsenen üblich ist.

In unserer Kultur besteht die Tendenz, denjenigen, welchen die »Mächte«, die »Stimmen«, aus welchen Gründen auch immer, überkommen, mit seinen Erfahrungen weitgehend allein zu lassen – und wer könnte einsamer sein als so ein Kranker angesichts eines Psychiaters, der *nichts* versteht, allein zu lassen in dem Sinne, daß man lediglich versucht, ihn zurückzuziehen oder ihn aufzuwecken wie aus einem bösen Traum, und man trifft dann solche Verlorenen an, wie sie mit weitausgespannten Armen, fledermausähnlich und seltsame Töne ausstoßend, durch die Gänge der Heilanstalt flattern und dazu rufen: »Ich bin ein Nachtschattenwandler zwischen zwei Welten!«[67]

Nichts wäre natürlich irreführender, als zu behaupten, daß bei Naturvölkern der Wahnsinnige eo ipso heilig oder von den Göttern besessen sei, wie man immer wieder lesen kann. Denn auch bei ihnen ist selbst jeder *Gerufene* nicht ein *Beru-*

fener, nicht jeder wird ein Meister seines Todes und seines Wahnsinns. Bei den südafrikanischen Tembu und Fingu etwa rufen die *abantubomlambo,* die Seejungfrauen, die in den Tiefen der Flüsse leben, die künftigen Medizinmänner und -frauen, damit sie bei ihnen leben und ihre Weisheit lernen. Doch wie die brasilianische Umbanda- und Candomblé-Göttin Iemanjá, »Unsere Mutter von den weinenden Brüsten«, die ambivalente »Große Mutter« der Bewohner von Bahía und Rio, diese ruft, damit sie in der Liebesvereinigung mit ihr den Tod, den *endgültigen* Tod in den Fluten des Meeres finden,[68] oder wie Mami Wata, die »Große Nixe« der Küste von Togo die Frauen ins Meer zieht, aus dem sie von Rettungsschwimmern geborgen werden müssen,[69] so rufen auch die südafrikanischen Loreleys solche, die von den Priestern mit Gewalt zurückgehalten werden, damit sie nicht den Tod finden.

So schreibt der Psychiater Laubscher:

»Apart from *isanuses* and other native doctors who claim to have been with the River People during *ukutwasa* (d. i. der Aufenthalt bei den Meermaiden), I could not find one person who had been called and came out alive. I know of many who were called but were restrained and in consequence lost their senses and are now patients in the mental hospital.«

Und es ist auch sicher richtig, zu sagen, daß viele Schamanen »Psychotiker im Zustand temporärer Remission« sind, wie es der einflußreichste Ethnopsychiater der Gegenwart, George Devereux, tut.[70] Aber das Entscheidende ist, daß diese Wahnsinnigen den Weg *durch* das Fegefeuer des Wahnsinns zurückfinden,[71] auf schmalen Brücken über Schluchten, in denen die Knochen abgestürzter und zu übermütiger Schamanen vermodern. So heißt es auch von jenen, die man gehen ließ und die zurückkamen:

»Anyone who visited the River People is a wiser and greater and better being than before.«[72]

Wenn die künftigen Schamanen der Eskimos auf der St. Lawrence-Insel bei Alaska die ersten Anzeichen von Wahnsinn spüren, gehen sie hinaus in die Tundra. Fünf Tage und fünf Nächte lang schlafen und essen sie nicht, nicht einmal Wasser nehmen sie zu sich, und während der nächtlichen Stürme irren sie weinend durch die Wildnis und erflehen die Hilfe der Geister. Dort draußen in der Einsamkeit sterben sie, aber ungleich dem indischen Samnyasin, um wiedergeboren zu werden, um in die Welt des Alltags zurückzukehren. »Sie treten aus ihrem Bewußtsein heraus, *ohne* wahnsinnig zu werden«, sagt einer dieser Schamanen.[73] Vielleicht könnte man präzisieren: ohne wahnsinnig *zu bleiben.* Wer aber dem Wahnsinn und dem Tod in die Augen geschaut hat, für den haben Tod und Wahnsinn vieles von dem Schrecken verloren, der immer wieder den überfällt, der stets im Alltag verbleibt. Oder wie es bei den nordamerikanischen Indianern heißt:

»Du beginnst damit, daß du die vier Straßen findest, die nebeneinanderherlaufen, und die mittlere wählst. Diese Straße wird von einem unüberwindlichen Canyon gekreuzt, der bis ans Ende der Welt reicht. Dort mußt du hindurch. Dann kommst du in ein undurchdringliches Dickicht. Du mußt hindurch. Dann kommst du an einen Ort, an dem es Schleim regnet. Wisch ihn nicht ab! Und dann kommt noch ein Ort, an dem die Erde brennt. Geh hindurch. Schließlich wächst ein steiler Felsen vor dir in die Höhe, der dem Fuß keinen Halt bietet. Geh einfach weiter. Bist du so weit gewandert, und bedroht dann jemand dein Leben, so sage: ›Ich bin bereits gestorben!‹«[74]

Anmerkungen

1 Cf. A. Naess: *Scepticism,* London 1969, S. 8 f. Cf. auch J. C. Marek: »Das Leitermotiv – Metapher einer philosophischen Skepsis?« in *Wittgenstein, der Wiener Kreis und der kritische Rationalismus,* ed. H. Berghel et al., Wien 1970.

2 Cf. Sextus Empiricus: *Grundriß der pyrrhonischen Skepsis,* ed. M. Hossenfelder, Frankfurt/M. 1968, I, 197.

3 P. Bayle: *Dictionnaire historique et critique*, Bd. III, Rotterdam 1720, S. 2309. Cf. auch die Uralte Morla in M. Ende: *Die unendliche Geschichte*, Stuttgart 1979, S. 59f. Ich möchte hier nicht auf die Frage eingehen, ob solche radikalen Auffassungen der Skeptiker Legende oder Tatsache sind. Cf. hierzu M. Frede: »Des Skeptikers Meinungen«, *Neue Hefte für Philosophie* 1979.

4 H. Dumoulin: *Zen*, Bern 1959, S. 43.

5 Zit. n. M. Eliade: *Geschichte der religiösen Ideen*, Bd. II, Freiburg 1979, S. 66.

6 Cf. D. R. Kinsley: »›The Death That Conquers Death‹: Dying to the World in Medieval Hinduism« in *Religious Encounters with Death*, ed. F. Reynolds/E. H. Waugh, University Park 1977, S. 101 f., H. von Stietencron: »Die Rolle des Vaters im Hinduismus« in *Vaterbilder in den Kulturen Asiens, Afrikas und Ozeaniens*, ed. H. Tellenbach, Stuttgart 1979, S. 66f., J. F. Sprockhoff: »Die feindlichen Toten und der befriedete Tote« in *Leben und Tod in den Religionen*, ed. G. Stephenson, Darmstadt 1980, S. 274ff., L. Dumont: »World Renunciation in Indian Religions«, *Contributions to Indian Sociology* 1960, S. 33ff.

7 Cf. J. B. Long: »Death as a Necessity and a Gift in Hindu Mythology« in *Religious Encounters with Death*, ed. F. Reynolds/E. Waugh, University Park 1977, S. 91. Cf. auch J. Gonda: »A Note on Indian ›Pessimism‹« in *Studia varia C. G. Vollgraff a discipulis oblata*, Amsterdam 1946, S. 36.

8 Zit. n. A. Cantlie: »Aspects of Hindu Asceticism« in *Symbols and Sentiments*, ed. I. M. Lewis, London 1977, S. 252.

9 C. G. Jung: »Zugang zum Unbewußten« in *Der Mensch und seine Symbole*, Olten 1968, S. 47.

10 Zit. n. J. Ebert: »Parinirvāna« in *Leben und Tod in den Religionen*, ed. G. Stephenson, Darmstadt 1980, S. 285.

11 W. Blankenburg: *Der Verlust der natürlichen Selbstverständlichkeit*, Stuttgart 1971, passim.

12 V. E. von Gebsattel: »Zur Frage der Depersonalisation« in *Depersonalisation*, ed. J.-E. Meyer, Darmstadt 1968, S. 220f.

13 W. Mayer-Gross: »Zur Depersonalisation«, a.a.O., S. 199.

14 J. Zutt: »Über den tragenden Leib« in *Die Wahnwelten*, ed. E. Straus/J. Zutt, Frankfurt/M. 1963, S. 390.

15 P. Schilder: »Deskriptiv-psychologische Analyse der Depersonalisation« in *Depersonalisation*, ed. J.-E. Meyer, Darmstadt 1968, S. 49.

16 Bhagwan Shree Rajneesh: *Intelligenz des Herzens*, Berlin 1979, S. 30, 33, 198, 121, 48, 156; dasselbe auf amerikanisch bei Baba Ram Dass: »Relative Realities« in *Beyond Ego*, ed. R. N. Walsh/F. Vaughan, Los Angeles 1980, S. 140.

17 C. Castañeda: *A Separate Reality*, New York 1971, S. 175, 106f., cf. auch ferner M. Globus/G. G. Globus: »The Man of Knowledge« in *Beyond Health and Normality*, ed. D. Shapiro/R. Walsh, New York 1981.

18 Castañeda, a.a.O., S. 186. Vielleicht waren es Stellen wie diese, die dem Sioux-Indianer Vine Deloria jr. die Bücher Castañedas sehr »unindianisch« vorkommen ließen. Cf. V. Deloria: *God is Red*, New York 1973, S. 52f. und Brief vom 12. Dezember 1979: »I have never thought the Don Juan books anything but a drug freak's fantasies…«

19 Bhagwan, a.a.O., S. 215. So ganz außerhalb der Welt scheint Bhagwan freilich nicht zu stehen, zumindest dann nicht, wenn die Rede auf seine unmittelbaren Konkurrenten, beispielsweise Maharishi Mahesh Yogi, Swami Muktananda und all die anderen »unechten Mönche und Scheinheiligen Indiens« kommt. Cf. Bhagwan, a.a.O., S. 194.

20 Schilder, a.a.O., S. 49.

21 Schilder, a.a.O., S. 102.

22 C. Castañeda: *Journey to Ixtlan*, Harmondsworth 1972, S. 203.

23 M. Sechehaye: *Tagebuch einer Schizophrenen*, Frankfurt/M. 1973, S. 41f., zit. n. W. Seiler: *Grenzüberschreitungen*, Gießen 1980, S. 24.

24 Ferid-ed-din: »Unterredungen der Vögel« in *Ekstatische Konfessionen*, ed. M. Buber, Leipzig 1923, zit. n. Seiler, a.a.O., S. 30.

25 W. G. Roll: »Das Problem des Weiterlebens nach dem Tod in neuer Sicht« in *Neue Wege der Parapsychologie*, ed. J. Beloff, Olten 1980, S. 212.

26 Cf. E. Wulff: »Grundfragen transkultureller Psychiatrie«, *Das Argument* 1969, S. 250, ders.: *Psychiatrie und Klassengesellschaft*, Frankfurt/M. 1972, S. 76f.

27 C. Kulenkampff: »Entbergung, Entgrenzung, Überwältigung als Weisen des Standverlustes« in *Die Wahnwelten*, ed. E. Straus/J. Zutt, Frankfurt/M. 1963.

28 Ludwig Wittgenstein: *Tractatus logico-philosophicus*, London 1922, 6.44.

29 Cf. bereits E. Cassirer: *Philosophie der symbolischen Formen*, Bd. II, Darmstadt 1953, S. 187.

30 E. Straus: »Die Ästhesiologie und ihre Bedeutung für das Verständnis der Halluzinationen« in *Die Wahnwelten*, ed. E. Straus/J. Zutt, Frankfurt/M. 1963, S. 146.

31 W. von Baeyer: »Der Begriff der Begegnung in der Psychiatrie«, a.a.O., S. 222.

32 Mayer-Gross, a.a.O., S. 199.

33 Nicht nur die Marxisten, auch H. Blumenberg macht neuerdings aus dem eiszeitlichen Jäger und Sammler einen neuzeitlichen *homo faber*: »Im Jagdzauber seiner Höhlenbilder greift der Jäger vom Gehäuse auf die Welt über und aus.« Wenn man zudem von der »Herrschaft des Wunsches, der Magie, der Illusion« liest, so wird man den Gedanken nicht los, daß Blumenbergs einzige Quelle, aus der sein paläolithisches Menschenbild gespeist wird, ein bestimmtes Buch von Arnold Gehlen ist. Cf. H. Blumenberg: *Arbeit am Mythos*, Frankfurt/M. 1979, S. 14, dagegen M. Eliade: *Der Mythos der Ewigen Wiederkehr*. Düsseldorf 1953, S. 6.

34 Cf. W. Müller: »Sprache und Naturauffassung bei den Sioux«, *Unter dem Pflaster liegt der Strand* 4, 1977, S. 143 ff., ders.: *Indianische Welterfahrung*, Frankfurt/M. 1981, S. 15 ff.

35 W. T. Corlett: *The Medicine-Man of the American Indian*, Springfield 1935, S. 67.

36 D. Cooper: *Der Tod der Familie*, Reinbek 1972, S. 19.

37 M. Erlenberger: *Der Hunger nach Wahnsinn*, Reinbek 1977, S. 36.

38 K. Rasmussen: *Observations on the Intellectual Culture of the Caribou Eskimo*, København 1930, S. 54 f. Cf. auch A. Boshier: »Wie wird man ein Medizinmann?«, *Unter dem Pflaster liegt der Strand* 8, 1981, S. 43 ff.

39 A. Boshier, »Afrikanische Lehrjahre« in *Der Wissenschaftler und das Irrationale*, Bd. I, ed. H. P. Duerr, Frankfurt/M. 1981.

40 Cf. z. B. P. Feyerabend: »Materialism and the Mind-Body Problem«, *Review of Metaphysics* 1963, R. Rorty: »Incorrigibility as the Mark of the Mental«, *Journal of Philosophy* 1970, S. 422 f. Ich habe lange Zeit Feyerabend für einen Materialisten gehalten, was ich mit seiner allgemeinen anti-reduktionistischen Haltung nicht vereinbaren konnte. Schließlich klärte mich Grover Maxwell auf, der plausibel machte, daß Feyerabend lediglich zeigen wollte, daß der Materialismus durch apriorische (linguistische, tranzendentalphilosophische) Argumente nicht zu *widerlegen* sei. Cf. G. Maxwell: »Feyerabends Materialismus« in *Versuchungen*, Bd. II, ed. H. P. Duerr, Frankfurt/M. 1981, S. 177.

41 Cf. J. Agassi: *Towards a Rational Philosophical Anthropology*, The Hague 1977, S. 156ff.

42 Als ich diese Stelle im Habilitationsvortrag vorlas, unterbrach mich Ulrich Sonnemann (wie übrigens zehn Jahre zuvor Popper bei einer ähnlichen Gelegenheit) und fragte mich fast entsetzt, indem er auf eine vor uns stehende Flasche deutete: »Aber du siehst doch hier die *grüne* Flasche und keine Schwingung – oder etwa nicht?« Eine solche Frage würde indessen einen hartgesottenen Materialisten kaum in Verlegenheit bringen. Dieser würde vielmehr entgegnen: »Nun, natürlich *scheint* dies grün zu sein, aber meine These ist ja, daß es *in Wirklichkeit* etwas ganz anderes ist!«

43 E. Leisi: »Aufschlußreiche altenglische Wortinhalte« in *Sprache: Schlüssel zur Welt*, ed. H. Gipper, Düsseldorf 1959, S. 310.

44 O. M. Hinze: »Studien zum Verhältnis der archaischen Astronomie«, *Symbolon* 1966, S. 177.

45 J. Böhme: *Die Seele und das Ich im homerischen Epos*, Leipzig 1929, S. 88f., H. Bogner: *Der Seelenbegriff der griechischen Frühzeit*, Hamburg 1939, S. 20f., H. Jeanmaire: *Dionysos*, Paris 1951, S. 109. Cf. auch K. Hübner: »Mythos und wissenschaftliche Denkformen« in *Philosophie und Mythos*, ed. H. Poser, Berlin 1979, S. 78f. und J. K. McNeley: *Holy Wind in Navajo Philosophy*, Tucson 1981, S. 2ff.

46 C. Castañeda: *Tales of Power*, New York 1974, S. 173.

47 Bhagwan, a.a.O., S. 79.

48 »Von Kindheit an hat mich das – nennen wir es – Irrationale gestört, und ich habe mich auch immer darum bemüht, eine Ordnung hinter dem zu finden, was sich uns als Unordnung zeigt.« C. Lévi-Strauss: *Mythos und Bedeutung*, Frankfurt/M. 1980, S. 23.

49 L. Wittgenstein: *Bemerkungen über die Grundlagen der Mathematik*, Cambridge 1967, S. 157.

50 L. Wittgenstein: *Vermischte Bemerkungen*, Frankfurt/M. 1977, S. 87.

51 L. Wittgenstein: *Zettel*, Oxford 1967, S. 382.

52 M. Heidegger: *Sein und Zeit*, Halle 1927, S. 186.

53 F. Waismann: *Wittgenstein und der Wiener Kreis*, Frankfurt/M. 1967, S. 68f.

54 Blankenburg, a.a.O., 7ff.

55 Daß Selbstbewußtsein eine Erfahrung sein *kann*, habe ich unter dem Einfluß Wittgensteins selber lange bestritten. Cf. H. P. Duerr: *Ni Dieu – ni mètre*, Frankfurt/M. 1974, S. 37ff. und kritisch dazu W.

Schmied-Kowarzik: »Das spekulative Wissen oder die Ekstasis des Denkens« in *Der Wissenschaftler und das Irrationale*, Bd. II, ed. H. P. Duerr, Frankfurt/M. 1981.

56 D. J. de Levita: *Der Begriff der Identität*, Frankfurt/M. 1971, S. 201.

57 Mayer-Gross, a.a.O., S. 193.

58 Kulenkampff, a.a.O., S. 214. Cf. dagegen etwa G. Benedetti: »Das Irrationale in der Psychotherapie der Psychosen« in *Das Irrationale in der Psychoanalyse*, Göttingen 1977, S. 236ff.

59 Man denke auch an das Sterben des Initianden im dunklen Leib der Erdmutter, nachdem er durch ihre Vulva und Vagina in die Gebärmutter zurückgelangt war. Cf. G. Zuntz: *Persephone*, London 1971, S. 51f., M. Titiev: *Old Oraibi*, Cambridge 1944, S. 134. A. M. Stephens: *Hopi Journal*, New York 1936, S. 261., E. J. Langdon: »Yagé Among the Siona« in *Spirits, Shamans, and Stars*, ed. D. L. Browman/R. A. Schwarz, The Hague 1979, S. 69f., D. Shulman: »The Serpent and the Sacrifice: An Anthill Myth from Tiruvārūr«, *History of Religions* 1978, S. 136f. Cf. auch G. Devereux: *Baubo*, Frankfurt/M. 1981, S. 44f.

60 L. Wittgenstein: *Letters to Russell, Keynes and Moore*, Oxford 1974, S. 15, 28, 41.

61 Erlenberger, a.a.O., S. 31.

62 Nach der *Vita Antonii* gingen die christlichen Anachoreten in die Wüste, um sich dem »Irrationalen« zu stellen und es damit zu überwinden. Nach den *Apophthegmata Patrum* taten sie dies eher, um in der Einsamkeit zu büßen und ihre Sinne von der Welt abzuwenden. Cf. B. Lohse: *Askese und Mönchtum in der Antike und in der alten Kirche*, München 1969, S. 193f. In Indien versuchte man mitunter, gerade durch die Sexualität die Lust zu überwinden. Schiwa hält mit eregiertem Glied die Ejakulation zurück und erlangt dadurch höchste Keuschheit. Cf. W. D. O'Flaherty: *Asceticism and Eroticism in the Mythology of Śiva*, London 1973. Schiwa repräsentiert den Yogi, »der gegen den Strom geht«. Cf. auch P. Hershman: »Virgin and Mother« in *Symbols and Sentiments*, ed. I. M. Lewis, London 1977, S. 271f. Der Bhagwan von Poona schätzt die Sexualität als Mittel zur Erlangung der *unio mystica* und damit der Überwindung der Sexualität.

63 J. Mattes: *Der Wahnsinn im griechischen Mythos und in der Dichtung bis zum Drama des 5. Jahrhunderts*, Heidelberg 1970, S. 39.

64 H. Biezais: »The Latvian Forest Spirit« in *The Supernatural Owners of Nature*, ed. Åke Hultkrantz, Stockholm 1961, S. 17.

65 M. Wilson: *Rituals of Kinship Among the Nyakyusa*, London 1957, S. 48 ff.

66 E. Pressel: »Negative Spirit Possession in Experienced Brazilian Umbanda Spirit Mediums« in *Case Studies in Spirit Possession*, ed. V. Crapanzano/V. Garrison, New York 1977, S. 354, M. Prince: »An Introspective Analysis of Co-Conscious Life«, *Journal of Abnormal Psychology* 1908, S. 327 f., S. Freud: »Hysterische Phantasien und ihre Beziehungen zur Bisexualität« in *Gesammelte Werke*, Bd. VII, London 1940, S. 198.

67 Blankenburg, a.a.O., S. 125.

68 H. Unterste: »Der Mythos der Iemanjá«, *Archiv für Religionspsychologie* 1978, S. 262 ff.

69 G. Chesi: *Voodoo*, Wörgl 1979, S. 157.

70 Cf. G. Devereux: *Normal und anormal*, Frankfurt/M. 1974, S. 38 ff.

71 Cf. L. Bäckman/Å. Hultkrantz: *Studies in Lapp Shamanism*, Stockholm 1978, S. 26 f.

72 B. J. F. Laubscher: *Sex, Custom and Psychopathology of South African Pagan Natives*, London 1937, S. 2 ff. Auch bei den alten Griechen wurden ja bekanntlich die Heroen meist von den in Flüssen, Bächen und Grotten hausenden Nymphen, den *kurotrophoi*, erzogen.

73 J. M. Murphy: »Psychotherapeutic Aspects of Shamanism on St. Lawrence Island, Alaska« in *Magic, Faith, and Healing*, ed. A. Kiev, New York 1964, S. 58.

74 D. Tedlock/B. Tedlock: *Über den Rand des tiefen Canyon*, Düsseldorf 1978, S. 23. Wie mir Barbara Tedlock mitteilt, ist dieses Zitat eine Collage aus verschiedenen Zitaten.

Fragmente eines Tagebuchs

(1981)

Für Carlos und Regina

Freitag, 5. Juni 1981

Chicago. Seit achtzehn Jahren wieder in Amerika. Beim Zoll mißtrauisches Begutachten meines Passes und langwieriges Durchsuchen des Gepäcks. Ich bin versucht zu sagen: »Das Dope ist im Rasierapparat«, aber ich beiße mir auf die Lippen. Frank Reynolds besorgt mir ein Zimmer auf dem Campus der University of Chicago.

Samstag, 6. Juni

Nachmittags mit Kitagawa auf einer Party. Gegen Abend treffen wir Eliade im Quadrangle Club, in den er uns eingeladen hat. Wir treffen ihn in der Vorhalle, und er ist etwas besorgt, denn er hatte seit zwei Uhr nachmittags auf mich gewartet – ich hatte ihn am Abend vorher mißverstanden, als ich ihn, vom Flug erschöpft, angerufen hatte. Kitagawa zieht diskret eine Krawatte aus der Tasche. Ich binde sie um und wundere mich, daß ich nach zehn Jahren krawattenlosen Daseins noch einen Knoten binden kann. Beim Krabbencocktail kommen wir auf Feminismus zu sprechen. Ich erläutere eine Innovation: die flache Penetration, mit der nach Auffassung einiger Feministinnen mehr Töchter als Söhne gezeugt werden können. Eliade interessiert, die anwesenden Damen weniger. Ich wechsle das Thema. Eliade ist ein ungemein liebenswerter Mann, der in einfachen Worten spricht und nichts von sich hermacht – welch ein Kontrast zu den üblichen akademischen Wichtigtuern und Schwätzern!

  Nachts zum Gin bei Eliades zu Hause, zur Feier meines Geburtstages. Es bleibt nicht bei einem Gin. Ich erzähle, daß Evans-Pritchard mit einem Glas Gin in der Hand in der Badewanne untergegangen ist. Christinel Eliade und Kitagawa schauen sorgenvoll auf unsere Gläser und bremsen unseren Alkoholkonsum sachte, aber bestimmt.

Sonntag, 7. Juni

Abends auf einer Party bei Wendy O'Flaherty, deren tiefer Ausschnitt meine Sinne verwirrt. Überall Amerikaner – ich denke, ich bin in Heidelberg. Die liebenswürdigsten Gäste scheinen mir zwei Asiatinnen zu sein, die thailändische Frau von Frank Reynolds und eine japanische Studentin der Religionsgeschichte, Yoshiko Oda.

Montag, 8. Juni

Flug von Chicago nach Wichita. Die Ölpumpe fällt aus, und wir müssen in Kansas City notlanden. Ich habe keine besonders große Angst, nur etwas feuchte Hände. Ankunft in Wichita mit großer Verspätung. Karl Schlesier wartet auf mich am Flughafen. Ich erzähle ihm, daß wir beinahe abgestürzt sind. Karl reagiert gelassen: »Well, aber nun bist du ja hier.«

Mittwoch, 10. Juni

Fahre mit Karl nach Oklahoma. Einige Meilen von Watonga, einem kleinen trostlosen Ort, entfernt, stehen die Tipis und Zelte der Sonnentanz-Zeremonie der Cheyenne, der New Life Lodge *(oxheheom)*, auch Ceremony of Rebirth oder Great Medicine Dance genannt.[1] Wir treffen zunächst Minnie, die Frau von Edward Red Hat, dem 86jährigen Hüter der Heiligen Pfeile. Sie bittet uns, leise zu sein, denn ein paar Meter weiter betet der Arrow Keeper im Arrow Tipi. Nach einer Weile kommt er heraus. »Hey, old man«, ruft ihm Minnie zu, »there's Karl, and Peter from Germany!« Der Arrow Keeper kommt auf uns zu, nimmt meine rechte Hand in seine beiden Hände, schaut mich warmherzig an und sagt: »It is good to see you. What is your name?« Ich sage: »Peter.« Im Hintergrund Minnie: »Peter Pan.« Ich erwidere: »I haven't lost my shadow yet!« Die umsitzenden Indianer lachen.[2] Zum Abendessen gibt es Büffelfleisch, das würziger und kräftiger schmeckt als Rindfleisch. The Indians start teasing me, I tease them back. Ich erzähle ihnen einen Witz, den ich von René König habe: Eine amerikanische Touristin besucht ein Indianer-Reservat und fragt dort einen Mann: »Entschuldigen Sie bitte, sind Sie ein Indianer?« Er: »Ja, Madam.« Sie: »Aber ich dachte, Indianer hätten Federn!?« Er: »O ja, Madam, aber ich bin gerade in der Mauser.« Die Cheyenne, die um den Tisch herum sitzen, wiehern los. Wenn es irgendwelches Eis gab, dann ist es jetzt gebrochen. Einige Zeit später Diskussion unter den Indianern. Ein Mann, ein notorischer trouble-maker, ist gesehen worden, wie er versucht hat, mit einer Zauberflöte eine Nachbarsfamilie zu verhexen. Was soll geschehen? Soll er zumindest vom Sonnentanz verwiesen werden? Der Arrow Keeper wird gefragt. Er reagiert besonnen. Der Mann bleibt.

Nachts im Zelt sehe ich kurz vor dem Einschlafen bei geschlossenen Augen plötzlich ganz deutlich das Bild von Bear Butte *(Nowah'wus)*, dem Heiligen Berg der Cheyenne, vor mir – es ähnelt einem Negativ, der Berg ist weiß, der Himmel schwarz. Ich denke mir nicht allzuviel dabei, denn am Montagabend hatte mir Karl in Wichita ein Photo des Berges gezeigt. Es ist der Berg, auf dem Karl mit dem Arrow Keeper nach zwei nächtlichen Visionen vier Tage und vier Nächte gefastet hat. In der einen Vision hatte Karl die farbige Stirnbemalung eines fastenden Cheyenne gesehen, die nirgendwo in der Literatur aufgezeichnet ist.[3]

Freitag, 12. Juni
Zweiter Abend des Sonnentanzes. Renate Schukies aus Hamburg, die eine Biographie des Arrow Keepers als Doktorarbeit schreibt, und ich sitzen dicht vor der Sun Dance Lodge. Es ist sehr stürmisch. Der Sun Dance Priest bringt gebückt das Heilige Feuer in den Kreis. Die Funken stieben, und brennende Zweige fliegen weg. Ein anderer Priester ruft ihm zu: »Verbrenn dir nicht die Eier, alter Mann!« Der Sun Dance Priest und einige andere Indianer lachen. Ich frage Renate: »Kannst du dir vorstellen, daß der Messdiener während der Messe zum Priester sagt ›Laß dir nicht die Bibel auf den Schwanz fallen‹?« Renate kann es nicht.

Die Tänzer beginnen mit dem Sonnentanz und blasen dabei in ihre Pfeifen. Seit dem gestrigen Abend fasten sie – kein Essen, kein Trinken, seit sie im Lone Tipi eingeweiht wurden. Jetzt bewegen sie sich auf und ab. Die Priester schlagen dazu die große Trommel und singen im Wechselgesang mit einigen Frauen, die im Halbkreis hinter der Trommel stehen. Nach einer Weile schließe ich die Augen, um mich besser auf den Rhythmus konzentrieren zu können. Dunkelheit. Plötzlich wird es heller, so als ob der Morgen graute. Nach vielleicht ein, zwei Minuten am Horizont ein dunkler Punkt, der näher kommt und größer wird. Bald erkenne ich, daß der Punkt ein Adler ist, mit weißem Kopf und braunem Gefieder. Der Adler fliegt auf mich zu und bleibt etwa fünf Meter von mir entfernt in der Luft schweben. Ich halte die Augen geschlossen und sage zu Renate: »Mach schnell die Augen zu und schau!« Der Adler dreht seinen Kopf zur Seite und blickt mich freundlich an. Er strahlt eine immense Wärme aus, und ich fühle mich sehr glücklich. Dann schwebt er auf mich zu und plötzlich ist er »auf« mir oder »in« mir. Ich öffne schnell die Augen und sehe die Tänzer in der Lodge, Renate und die anderen Indianer um uns herum.

Einige Zeit später stehe ich auf und gehe zum Arrow Tipi zurück. Nach ein paar Metern treffe ich Karl, der den Tänzern zuschaut und dabei, wie üblich, an seiner Pfeife nuckelt. »What's the matter?« fragt er. Ich erzähle ihm im Telegrammstil, was sich ereignet hat. »Was denkst du, was das bedeutet?« frage ich ihn. »Well«, sagt Karl, »frag morgen früh den Arrow Keeper.«

Nachts liegen wir im Zelt und reden noch vor dem Einschlafen über mein Erlebnis. Ich habe ein bißchen Angst, Karl könnte denken, that I made the story up. Dann reden wir noch ein bißchen – durch die Zeltwand hindurch für alle, die es hören und die es nicht hören wollen – über action anthropology, das Ethnologie-Establishment und über die akademischen Nagetiere, die die ethnologischen Lehrstühle bevölkern, eines unserer Lieblingsthemen, das jeden Tag mit unverminderter Frische auf den Tisch kommt. Es ist ungefähr drei Uhr nachts. Draußen immer noch das Pfeifen der Tänzer, das Trommeln und das Singen der Priester und der Sacred Women. Kurz vor dem Einschlafen habe ich plötzlich wieder eine Vision: ich fliege langsam durch die Luft und sehe unter mir Gehöfte, Cottonwood-Bäume, weiße Blumen. Ich fliege niederer. Da erkenne ich Hühner und Puter und verspüre eine merkwürdige Lust in mir, einen dieser Vögel zu fangen, zu töten und aufzufressen. Aber ich tue es nicht. Ich scheuche sie lediglich ein bißchen, und sie rennen aufgeregt gackernd in der Gegend herum. Nach einer Weile schlafe ich ein.[4]

Samstag, 13. Juni

Am Morgen treffe ich draußen am großen Tisch den Arrow Keeper, der eben vor dem Arrow Tipi ein Speiseopfer niedergelegt hat. Über uns dichte Wolken. Der Arrow Keeper geht ins Tipi, um für gutes Wetter zu beten. Karl ruft ihm nach: »Mach's nicht zu gut, sonst schwitzen wir nachher alle!« Der Arrow Keeper lacht. Nach einiger Zeit kommt er wieder aus dem Tipi. Die Wolken verfliegen, und die Sonne brennt vom Himmel. Ich setze mich zum Arrow Keeper an den Tisch, und wir trinken für eine Weile unseren Kaffee. Nach ein paar Minuten frage ich: »Arrow Keeper, may I ask you some questions?« »Yes, of course«, erwidert er. Ich erzähle ihm die Geschichte in allen Einzelheiten, erwähne auch die Vision von Bear Butte, verschweige aber das nächtliche Flugerlebnis, weil ich mich irgendwie darüber geniere. »What does it mean?« frage ich. Der Arrow Keeper sagt einige Zeit nichts. Dann schaut er mich an und sagt: »Oh, it is good, it is *very* good.« – »And what does it mean?« frage ich erneut. »It means happiness«, fährt der Arrow Keeper fort, »happiness and knowledge.«[5] »Du hast doch die Tänzer gesehen?« – »Ja, natürlich«, erwidere ich. »Hast du ihre Pfeifen gesehen?« – »Ja!« – »Die Pfeifen sind aus den Flügelknochen des Adlers gemacht, mit Adlerflaum vornedran. Mit diesen Pfeifen wird der Eagle Spirit gerufen![6] – Hast du das Nest in der Gabel des

83

Baumes in der Mitte des Tanzplatzes gesehen?« Ich erwidere, daß ich Grünzeug, Zweige mit Blättern und bunten Tüchern gesehen hatte. »Das ist das Nest des Donnervogels!« *(Nūno' maēh'whets)*[7] (Ich erfahre später, daß sich der Donnervogel meist in einem überlebensgroßen Adler manifestiert.[8]) »Der Adler«, fährt er fort, »bedeutet zweierlei: er ist der Vogel des Glücks, aber er ist auch der Vogel, der am höchsten fliegt, der alles überblickt und der vom Himmelsgott geschickt ist.«[9] Dann lächelt der Arrow Keeper und schaut mich an: »Außerdem macht er Beute, wie du ja weißt!« Ich werde ganz verlegen und sage schnell: »Aber wie kann *ich* einen Spirit *(mā i yūn a hūh'ta)* sehen? Ich bin knapp zwei Tage hier, und ich bin kein Indianer, geschweige denn Tsistsistas!?« – »Du mußt kein Indianer sein«, sagt der Arrow Keeper.

Sonntag, 14. Juni

Karl hat mir einen schwarzen Leinenband über den Sonnentanz der Northern Cheyenne in Montana gegeben.[10] Ich blättere darin herum, im Zelt, nehme ihn aber nicht mit hinaus, weil in dem Buch die Heiligen Pfeile abgebildet sind, die von den Frauen nicht gesehen werden dürfen. Ich sage zu Renate: »Du kannst sie dir ansehen, wenn du willst.« Renate will nicht, weil sie eine Frau ist. Ich entgegne ihr: »Also hör mal zu, du bist keine Frau, du bist eine Ethnologin!« Renate hat viel Geduld mit mir und klärt mich behutsam auf, daß sie auch eine Frau ist.

Karl und ich fahren nach Watonga und trinken ein Budweiser in einer weißen Spelunke, die mich an die Ami-Bars im Mannheimer Jungbusch der Nachkriegszeit erinnert. Die Kleiderschränke an der Bar werfen uns feindselige und provozierende Blicke zu. Wir überlegen, was wir tun sollen, wenn die Typen uns angreifen. Karl hält viel von den Billardstäben in unserer Reichweite. »Quer über die Visage und dann sofort zum Fenster hinaus!« meint Karl.

Als wir heimkommen, sehen wir, daß der Sturm die Zeltstangen zerbrochen hat und daß unser Zelt in sich zusammengestürzt ist. Mit einiger Mühe richten wir's wieder auf, d. h. Bryce richtet es auf, und wir machen ein paar symbolische Handbewegungen dabei. Drinnen ist alles okay, nur mein Maskottchen, ein kleines Eskimoweibele, das mir Annette mit auf die Reise gegeben hat, ist aus der Tasche geschleudert worden.

Drei texanische Touristen, anscheinend die einzigen Weißen weit und breit, haben sich der Sun Dance Lodge genähert und öffnen dort Coca-Cola-Büchsen. Karl regt sich ziemlich auf: »Ob die auch sonntags in ihrer Kirche Coke saufen?« Als sie auch noch photographieren wollen, werden sie rausgeschmissen.

Wir besuchen Standing Elk Alone, einen Enkel des Arrow Keepers, in seinem Haus. Er erzählt uns über einen Plan, eine Büffel- und Wildschweinzucht anzufangen. Standing Elk Alone ist ein sehr sympathischer Mann mit tiefen Einschußnarben von Gewehrkugeln am Körper.

Dienstag, 16. Juni
Ich lese, was vor achtzig Jahren ein Cheyenne-Priester dem Ethnographen George Dorsey erzählt hat: »At the time of the Lone-tipi, though everything is barren, the earth is beginning to grow. Now it has grown. Thus they make the earth, buffalo wallow, grease, wool, and sinew to make growth. By the time of the end of the lodge things have grown, people rejoice. When they use the bone whistle they are happy like the eagle, which is typical of all birds and of all happiness.«[11]

Mittwoch, 17. Juni
Flug nach Albuquerque. Über Santa Fe fahre ich zu Felicitas Goodman, die in der Nähe des Tesuque Pueblos in einem kleinen Holzhaus in den Hügeln wohnt. Beim Mittagessen erzählt sie mir: »Du weißt doch, daß ich seit mehr als zwanzig Jahren hier draußen wohne, und stell dir vor, gestern, als ich vor dem Haus saß, ist zum ersten Mal ein Adler über mir gekreist – sonderbar, nicht wahr?«

Felicitas fragt mich am Nachmittag, ob ich Lust hätte, in den nächsten Tagen mit ihr in eines der naheliegenden Pueblos zum Maistanz zu gehen. Noch vor einer Woche hätte ich begeistert ja gesagt, aber heute fühle ich eine merkwürdige Abwehr in mir und sage lau: »O ja, das ist keine schlechte Idee.«

Alfonso Ortiz kommt zum Abendessen. Er hat seinen Vater im San Juan Pueblo besucht und ist auf dem Rückweg nach Santa Fe. Alfonso hatte mir so halb einen Artikel für ein Buch versprochen, das ich herausgebe, aber er wollte mir den Beitrag, eine sehr persönliche Sache, die ihm viel bedeutet, nicht geben, bevor er mich kennengelernt hat.[12] Zunächst ist Alfonso etwas nervös, weil er nicht weiß, wer oder was ich bin (Freak? true believer? professor?), aber bald entspannt er sich und wird zusehends »indianisch«. Wir reden über alles mögliche, unter anderem auch über Carlos Castañeda. Auch Alfonso kann sich kaum vorstellen, daß es eine Gruppe von *brujos* à la Don Juan oder Don Genaro geben könnte, von deren Existenz selbst alte Yaqui-Curanderos keine Ahnung hätten. Auf der anderen Seite meint er, daß man vielleicht Castañeda mit den Heiligen Clowns der Pueblo-Indianer vergleichen könne, die einen mit Pisse bespritzen, weil das die einzige Möglichkeit ist, etwas mitzuteilen, was sonst nicht mitteilbar wäre.[13]

Donnerstag, 18. Juni

Am Abend sagt Felicitas, ich solle meine Seifenschachtel fest zumachen, weil sonst die Wüstenspringmäuse, die im Haus rumrennen, die Seife annagen würden. Ich verschließe sie auch brav, gehe aber kurze Zeit später noch in das Badezimmerchen und sehe mit Erstaunen, daß die Seife in ihrer Schachtel links vom Wasserhahn liegt, der Seifenschachteldeckel jedoch rechts vom Wasserhahn. Ich frage Felicitas: »Hast du die Schachtel aufgemacht?« – »Nein«, sagt Felicitas, »wieso?« Ich verschließe die Schachtel erneut. Nichts rührt sich. Ich gehe aus dem Badezimmer, behalte die Tür im Auge und gehe zwei Minuten später wieder rein – wieder ist die

Schachtel offen, und der Deckel liegt an derselben Stelle rechts vom Wasserhahn. Niemand kann den Deckel entfernt haben, und auch für eine Trickster-Wüstenspringmaus wäre das ein Ding der Unmöglichkeit gewesen.

Eine halbe Stunde später gehe ich rüber zur Kiva, die etwa fünfzig Meter vom Haus entfernt ist und krieche dort in einen Schlafsack, der auf einem Feldbett in der Mitte der Kiva ausgebreitet ist. Hinter mir an der Wand die bunten Bilder von Pueblo-Geistern. Das Bett befindet sich genau in der Mitte des Raumes über dem »Nabel« der Kiva. Über dem Nabel ein Loch in der Decke, die Lüftung. Ich bin sehr müde und hellwach zugleich. Draußen zirpt eine Grille; nach ein paar Minuten ist sie plötzlich still. Ich habe ein Gefühl, als ob draußen irgend jemand oder irgend etwas »umginge«. Da höre ich laut und deutlich ein Rasseln, so, als ob jemand vor der Tür eine Rassel hin und her schlüge, etwa eine halbe Minute lang.[14] Ich steige aus dem Schlafsack, öffne die Tür und schaue nach. Im hellen Mondlicht kann ich die ganze Gegend überblicken, aber ich kann niemanden sehen, auch keine Klapperschlange am Boden. Das Rasseln hat aufgehört, und ich krieche in den Schlafsack zurück. Ich fühle mich sehr unwohl und weiß mir nicht anders zu helfen, als daß ich den Eagle Spirit »rufe«. Plötzlich ruckt das Feldbett in Abständen einiger Sekunden dreimal heftig hin und her, und ich denke: »Wie komme ich bloß aus dieser Situation wieder raus?« (»Die Geister, die ich rief...«) Da habe ich das Gefühl, als ob der Adler da sei, in der Kiva, und seine Schwingen über mir ausbreitete.[15] Kurze Zeit später schlafe ich ein.

Freitag, 19. Juni

Am Morgen erzähle ich Felicitas die Geschehnisse der Nacht. Sie rät mir, nicht nur dem Eagle Spirit, sondern auch dem hiesigen »Herrn der Hügel« ein Opfer zu bringen. Zusammen mit Felicitas gehe ich den Hügel hinauf und zerstreue für den Pueblogeist Maismehl im Wind. Für den Adlergeist opfere ich Tabak, den ich einer Camel ohne Filter entnehme. Ich komme mir schon ein bißchen lächerlich vor, jetzt, am späten Morgen, und frage mich, ob ich noch derselbe bin wie derjenige, der vor zwanzig Jahren aus der Kirche ausgetreten ist.

Eine Stunde später holen uns Barbara und Dennis Tedlock mit ihrem Volkswagenbus ab. Wir fahren nach Taos und essen in einem mexikanischen Restaurant zu Mittag. Wir sitzen zu viert am Tisch, und ich erzähle meine Erlebnisse von der letzten Nacht. Als ich das seltsame Rasseln erwähne, fangen plötzlich die Eisstücke in den Wassergläsern an zu klirren. Ich bemerke es zunächst gar nicht, weil ich so von der Geschichte absorbiert bin – es fällt mir erst auf, als ich bemerke, daß Barbara und Dennis sich gegenseitig anschauen.

Ich hatte bisher ein einziges Mal ein »parapsychisches« Erlebnis, einmal abgesehen von gewissen Ereignissen, die sich vor Jahren unter Drogeneinfluß abgespielt haben: kurze Zeit bevor ich nach Amerika geflogen war, klingelte morgens früh der Briefträger und gab mir einen Stoß Briefe. Ich sah, daß einer der Briefe von Edmund Leach aus Cambridge war, öffnete ihn aber nicht, sondern ging wieder ins Bett und schlief gleich ein. Da träumte ich, daß ich den Brief Leachs aufmachte. Drinnen war eine verkleinerte Xerox-Kopie eines Artikels, und ich dachte: »Da brauchst du ja ein Vergrößerungsglas, um das lesen zu können!« Als ich aufwachte, öffnete ich den Brief als ersten. Drinnen lag eine verkleinerte Kopie eines Artikels von Leach über Eliade[16], und jener schreibt dazu: »I enclose a xerox copy which you will need a magnifying glass to read!« Ich war zunächst überhaupt nicht überrascht und dachte: »Na ja, das wußtest du ja bereits!«

Am Nachmittag im Pueblo von Taos. Als wir ankommen, sehen wir eine Gruppe von Indianern, die auf der Mitte des großen Platzes zwischen den beiden Pueblo-Hälften die Trommel schlagen und dazu singen. Für einen kurzen Augenblick denke ich: »Das sind ja die Sonnentanz-Priester der Cheyenne!« Dann erklärt mir Dennis, daß es sich um den Kürbis-Tanz der Pueblo-Indianer handelt. Mir fällt ein, daß ja die Medizinmänner der Gegend Kürbisse mit Kieselsteinen als Rasselinstrumente verwenden, so wie die Schamanen der Jägervölker mit Hirschhufen auf ungegerbte Häute schlugen.[17] Dennis, Barbara und Felicitas gehen zu den Häusern rüber, ich bleibe stehen und höre zu. Ich merke, wie ich ganz langsam »abhebe«. Die trommelnden Indianer schauen alle halbe Minute zu mir herüber. Ich spüre, wie mir die Tränen über die Wangen laufen. Dennis kommt zurück und sagt mir, daß einer der trommelnden Indianer ein Plains-Indianer aus Oklahoma sei. Ob es ein Cheyenne ist, weiß er nicht. Jedenfalls ist es derjenige, der mich besonders häufig angeschaut hat. Etwa zwei, drei Stunden später hören die Indianer mit dem Trommeln und dem Singen auf. Dennis und ich hören, wie einer von ihnen sagt: »Uh, I've been up in the clouds!«

Abends bei Dennis und Barbara draußen auf dem Land. Wir sitzen lange auf einem versteinerten Baum und ziehen zwei mächtige Joints durch, getting as stoned as the tree.

Sonntag, 21. Juni
Von Albuquerque mit dem Flugzeug nach Phoenix, Arizona. Es ist der Tag, an dem bei den Indianern der Gegend die Erdmutter ihre Kiefer zuklappt. Das ist ganz sinnig, denn ein Air Controllers' Streik droht, der den ganzen Luftverkehr möglicherweise für Monate lahmlegen würde, und angeblich ist mein Flugzeug das letzte, das New Mexico verläßt. Im Flugzeug entwickle ich abenteuerliche Pläne, wie ich in einem solchen Fall wieder nach Europa zurückkäme und denke an ein Schiff nach Japan oder an die Transsibirische Eisenbahn. In Phoenix holt mich Hans Sebald am Flughafen ab. Es ist unvergleichbar heißer als in New Mexico, und wir fahren durch die brütende Hitze zu Sebalds Haus draußen in der Wüste von Sonora bei Apache Junction, am Fuß der Superstition Mountains. Hans zeigt mir, was er einen oder zwei Tage zuvor im Gebirge gefunden hat: er holt aus einer Büchse einen weißen Gegenstand, der genauso aussieht wie die Adlerknochenpfeifen der Cheyenne.

Abends unterhalte ich mich mit Hans und Karen über Visionen und dergleichen. »Ich habe von diesem angeblichen ›anderen Teil der Wirklichkeit‹ noch nie etwas bemerkt!« sagt Hans, und ich spüre seine Abwehr.[18] »Vielleicht sträuben Sie sich zu sehr und merken deshalb nichts!?« erwidere ich. »Sie reden wie ein katholischer Priester!« sagt Hans.

Donnerstag, 25. Juni
Ich komme auf dem International Airport von Los Angeles an. Nach drei Wochen Amerika sehe ich die ersten Männer mit langen Haaren und die ersten Frauen ohne Büstenhalter. Während ich auf den Bus warte, beobachte ich eine Hare-Krischna-Jüngerin, die mexikanische Arbeiter, aber auch Geschäftsleute anspricht, um ihnen ein paar Scheine aus der Tasche zu ziehen. Nach einiger Zeit bemerkt sie mich und kommt auf mich zu: »Excuse me, Sir, are you from Los Angeles?« – »Nein«, sage ich, »ich bin aus Deutschland.« Die junge Frau fängt an, wie eine Schallplatte loszuplappern, mechanisch und eiskalt – es schaudert mich ein bißchen und ich habe das Gefühl, als ob mich ein Panzer versuchte plattzuwalzen. Trotzdem schaue ich sie freundlich an, sage aber nach einer Weile: »Darf auch *ich* mal was sagen?« Die Reaktion ist verblüffend. Die Frau blickt mich einen Moment lang ratlos an, dann verzerren sich ihre Züge und sie schreit mich an: »Du Drecksau, du Arschficker, du elendes Schwein!« (und dergleichen) Ich bin so stoned, daß ich lachen muß, aber um zu verhindern, daß sie mich tätlich angreift, ziehe ich mich zurück, und gleich darauf kommt auch mein Bus nach Northridge.

In Northridge wohne ich bei meiner Tante und meinem Onkel, die in den Zwanzigern nach Amerika ausgewandert sind. Abends versuche ich Marlene Dobkin de Rios anzurufen, aber ich erreiche sie nicht. Ich schalte den Fernseher an. Talkshow, Commercials – Plastic faces and plastic smiles, die Gestalten auf dem Bildschirm kommen mir vor wie Zombies, und ich kriege Heimweh nach zu Hause und nach den Cheyenne. Ich schalte auf einen anderen Sender um: ein Raumschiff-Captain spricht gerade mit einem schwarzgekleideten und gefesselten Bösewicht. Der Captain fragt: »Now, is he a bird or a man?« Der Bösewicht: »Er ist eine Mischung aus beidem, manchmal eher Vogel, manchmal eher Mensch!« Der Captain fliegt mit seinem Raumschiff runter zur Erde und landet vor einer Höhle. Heraus tritt eine Frau, halb Mensch, halb weißköpfiger Adler. Wäre ich ein Hippie, ich würde jetzt sagen: »Too much.« Oder »Out of sight.«

Samstag, 27. Juni
Ankunft in der Greyhound-Station von Santa Barbara. Bevor mich Richard de Mille abholt, rufe ich den Hexenforscher Russell an. Im Telefonbuch stehen mehrere Jeffrey Russells. Ich picke einen heraus, wähle die Nummer und sage: »Am I speaking with Jeffrey Burton Russell?« Hinter mir eine alte Dame zu ihrem Mann: »Oh, Gee, Bertrand Russell is still alive!!«

Abends bei Richard, Margaret, Cecil und Barko, dem unverschämten Hund der de Milles. Zum Abschied schenkt mir Richard drei Bücher. Das eine ist Castañedas soeben erschienenes sechstes Buch, *The Eagle's Gift.* Auf dem Schutzumschlag ein blauschwarzer Adler vor zuckenden Blitzen, vermutlich ein Donnervogel. Im Hotel schlage ich das zweite Buch auf. Es ist die erweiterte Neuausgabe von *Maria Sabina – Her Life and Chants.* Als erstes lese ich die Zeilen

> »I am a spirit woman, says
> I am a saint woman, says
> I am a Lord eagle woman, says.«

Ich klappe das Buch zu und blättere das dritte Buch durch, das Richard mir geschenkt hat, *Free Beaches.* Von einem Adler keine Spur, nur nackte Frauen an einsamen Stränden. Kurze Zeit später schlafe ich ein.

Santa Barbara, 28. Juni 1981

26. April 1982

Nach einem Vortrag und einer langen Diskussion im steiri-
schen Mariatrost bringt mich Peter Strasser zum Grazer
Bahnhof. Erschöpft sitze ich im Zug nach Heidelberg, lehne
mich zurück und schließe die Augen, ohne einzuschlafen.
Plötzlich spüre ich, wie ich senkrecht aus meinem Kopf her-
austrete. Ich denke lediglich »So ist das also!«. Langsam
schwebe ich durch die Decke des Zugabteils in eine absolute
Schwärze hinein. Ich zögere einen Augenblick lang, und da
wird mir bewußt, daß ich meine Bewegung kontrollieren
kann. Nach einiger Zeit sehe ich einen kleinen hellen Kreis,
der rasch größer wird. Mir wird klar, daß ich mich in einem
riesigen Tunnel oder in einer Höhle befinde und auf den Aus-
gang zustrebe. Draußen liegt eine Landschaft vor mir, die
mich an die von Oklahoma erinnert. Ich sehe ein offenes ame-
rikanisches Auto, in dem der Sohn des vor zwei Monaten ver-
storbenen Arrow Keepers und zwei seiner Urenkeltöchter
sitzen. Sie sagen nichts, lächeln mir aber freundlich zu. Die
ganze Situation ist weder traumartig noch wirklich: sie ist *zu*
wirklich, um wirklich zu sein. Ich »schwebe« eine Straße ent-
lang. Im Gras liegen Dutzende Cheyenne, die alle grüne oder
blaue Overalls anhaben. Sie sind tot, aber ich kann die Todes-
ursache nicht feststellen. Ein paar Meter weiter liegen ebenfalls Cheyenne am Boden, doch sie sind nicht tot, nur schwer
verletzt. Neben ihnen steht ein weißer Krankenwagen. Zwei
junge Ärzte sind über einen Verletzten gebeugt und zucken
hilflos mit den Schultern. Plötzlich spüre ich, daß ich mich
wieder in meinem Körper befinde, öffne die Augen und sitze
im Zug.[19]

1 Der Ausdruck »Sonnentanz« ist irreführend und wurde früher von den Cheyenne nicht verwendet. Er scheint sich vom »Gazing-at-the-Sun Dance« der Sioux herzuleiten. Cf. T. H. Lewis: »The Oglala (Teton Dakota) Sun Dance«, *Plains Anthropologist* 1972, S. 45.

2 *tasoom'*, Schatten, wird gemeinhin mit »Seele« übersetzt. Die Cheyenne glauben, daß der Mensch vier verschiedene Seelen hat. Cf. R. Anderson: *A Study of Cheyenne Culture History*, Ann Arbor 1972, S. 139.

3 Cf. K. Schlesier: »Zum Weltbild einer neuen Kulturanthropologie«, *Zeitschrift für Ethnologie* 1980, S. 55, ders.: »Gespräch mit Claus Biegert über Action Anthropology«, *Unter dem Pflaster liegt der Strand* 8, 1981, S. 144f.

4 Ich habe zuvor ein einziges Mal eine ähnliche Flugerfahrung gemacht, allerdings unter dem Einfluß einer halluzinogenen Droge, *datura stramonium*. Cf. allgemein M. Eliade: »Der magische Flug«, *Antaios* 1959.

5 »They say«, sagt der Northern Cheyenne Stands in Timber, »an eagle can take in nearly the whole world with his eyes, and see it as clearly as a man looks at the ground by his feet.« Cf. J. Stands in Timber/M. Liberty: *Cheyenne Memories*, New Haven 1967, S. 52. Ich vermute übrigens, daß der Adler-Geist unter anderem deshalb beim Sonnentanz eine so große Rolle spielt, weil er ein »Vogel des Ursprungs« und ein »Vogel der Erneuerung« ist, nicht nur bei den Cheyenne, sondern auch bei anderen Indianervölkern. Bei den Irokesen beispielsweise erfrischt er alles Welkende und erweckt es zu neuem Leben. Cf. A. C. Parker: *»Neh Ho-noh-tci-hoh-gah:* The Guardians of the Little Water«, *Bulletin of the New York State Museum* 1908, S. 169.

6 »The eagle bone whistles used by the dancers of all tribes made a noise which they believed was always heard by the Spirit.« (T. E. Mails: *The Mystic Warriors of the Plains*, Garden City 1972, S. 165). R. M. Underhill (*Red Man's Religion*, Chicago 1965, S. 150) schreibt indessen: »The eagle-bone whistles that they blew constantly represented the Thunderbird and were used to call for rain and vegetation.«

7 Der Arrow Keeper sagte wörtlich »Thunder's Nest«. Cf. hierzu J. Mooney: *The Ghost Dance Religion*, Chicago 1965, S. 217f., G. A. Dorsey: *The Arapaho Sun Dance*, Chicago 1903, S. 114, Å. Hult-

krantz: »The Development of the Plains Indian Sun Dance« in *Perennitas,* ed. G. Piccaluga, Rom 1980, S. 225.

8 Cf. G. B. Grinnell: *The Cheyenne Indians,* Bd. II, New Haven 1923, S. 263. »The Thunder often appears as a great bird, somewhat like an eagle, but much larger... Old men have said that it was Heammawihio (= »Der Große Geist«, auch »The Wise One Above« genannt, H. P. D.) who made the Thunderbird; it was his bird« (a.a.O., S. 95). Beim Sonnentanz der Assiniboines wurde unterhalb des Donnernestes ein Adler eingeschnitzt, der den Donnervogel darstellte. Cf. R. H. Lowie: »The Assiniboine«, *Anthropological Papers of the American Museum of Natural History* 1909, S. 61. V. Dusenberry (*The Montana Cree,* Uppsala 1962, S. 209) schreibt über die zeitgenössischen Sonnentänzer der Cree: »Many of them see the Thunderbird, and that pleases them, for one of the Thunderbirds stays in the nest all of the time that the ceremony takes place and watches the participants. Only those who have the vision are able to see him, however. Others see colors.« Ein Sioux wurde früher durch eine Donnervogel-Vision zum *heyoka,* zum Heiligen Clown. Cf. J. Fire Lame Deer/R. Erdoes: *Tahca Ushte – Medizinmann der Sioux,* Frankfurt/M. 1981, S. 254f. Ein Sonnentanz-Priester der Shoshoni »had witnessed many cases where dancers had experienced visions of a spiritual eagle, groped after it with their arms and then fallen backwards or sideways, losing their consciousness. John Trehero was visited in his sleep by an eagle who urged him to put up a Sun Dance. ›The eagle gave me the Sun Dance‹«. (Å. Hultkrantz: »The Traditional Symbolism of the Sun Dance Lodge Among the Wind River Shoshoni« in *Religious Symbols and Their Functions,* ed. H. Biezais, Stockholm 1979, S. 87.) Cf. auch J. G. Jorgenson: *The Sun Dance Religion,* Chicago 1972, S. 213.

9 Der legendäre Medizinmann Tomsivsi (Erect Horns), der den Cheyenne zusammen mit seiner Gefährtin den Sonnentanz – und damit die Fähigkeit zur periodischen Wiedererneuerung der Welt – brachte, wurde unter anderem von den »Listeners Above« *(Hea'mma mäiyün' tsia'stomuni)* und den »Listeners Under the Ground« *(Astu'no mäiyün'tsia'stomuni)* in einer Höhle des Bear Butte unterrichtet. Cf. D. S. Hedburg: *Nowah'wus, Bear Butte, Sacred Mountain of the Cheyenne,* Wichita 1976. Nach einer Interpretation ist die Sun-Dance Lodge Bear Butte, nach einer anderen das Tipi innerhalb Bear Buttes, in dem Tomsivsi auf die Geister traf, in jedem Falle aber Eliades »Mitte der Welt« und »Ort des Ursprungs«. Cf. hierzu W. Mül-

ler: *Die Religionen der Waldlandindianer Nordamerikas,* Berlin
1956, S. 306ff., ders.: *Glauben und Denken der Sioux,* Berlin 1970,
S. 291ff., ders.: *Neue Sonne – Neues Licht,* Berlin 1981, S. 229f.

10 P. J. Powell: *Sweet Medicine,* Norman 1960.

11 G. A. Dorsey: *The Cheyenne,* Bd. II, Chicago 1905, S. 57.

12 A. Ortiz: »Die letzte Wanderung auf den Berggipfel« in *Der Wissen-*
schaftler und das Irrationale, Bd. I, ed. H. P. Duerr, Frankfurt/M.
1981.

13 Nachdem ich im Juni 1982 Carlos Castañeda und ein weiteres Mit-
glied der »Don-Juan-Gruppe«, Florinda D., kennengelernt habe, bin
ich geneigt zu glauben, daß es sowohl Don Juan gibt (oder gab) als
auch die Gruppe von Zauberlehrlingen. Hier ist freilich nicht der
Ort, dies auszuführen.

14 Heute fällt mir ein, daß Felicitas im letzten Teil einer Fernsehsendung
Adolf Holls, die am 24. Januar 1982 ausgestrahlt wurde, einige Ver-
suchspersonen mit einer Rassel in Trance versetzt hat. Cf. auch A.
Holl: *Religionen,* Stuttgart 1981, S. 149ff. Eine dieser Versuchsper-
sonen, die Wienerin Irma Kocian, hatte mich im Sommer 1981 im
Zug angesprochen: »Entschuldigen Sie bitte, wie heißen Sie?« Ich erwiderte: »Hans Peter.« Darauf Irma: »Hans Peter Duerr?«

15 Bei Grinnell (a.a.O., S. 113f.) heißt es über einen Cheyenne, Stone
Forehead, der in seinem Zelt liegend seinen »spirit helper« rief: »After the fire had gone out, in some interval of the singing, the lodge was
shaken as if by a strong wind; the poles creaked, and suddenly in the
lodge a strange voice was heard, talking to the man... In what is now
Oklahoma lived a man who possessed this power (i. e., einen »spirit
helper« zu rufen) in an unusual degree... He could call to him his
maiyu, and sometimes while he was talking with the spirit, it would
call out, ›Make a light!‹ and when the fire had blazed up it would be
seen that Stone Forehead had disappeared, although sometimes his
rattle would be seen and heard moving alone through the air, as if shaken by a person.« Cf. auch Å. Hultkrantz: »Ritual und Geheimnis:
Über die Kunst der Medizinmänner oder Was der Professor ver-
schwieg« in *Der Wissenschaftler und das Irrationale,* Bd. I, ed. H. P.
Duerr, Frankfurt/M. 1981, S. 81f. und K. Schlesier: »Bemerkungen
zum *Tsistsistas* (Cheyenne) Schamanismus«, *Unter dem Pflaster liegt*
der Strand 11, 1982.

16 Es handelte sich um E. Leach: »Sermons By a Man on a Ladder«, *New*
York Review of Books, October 20, 1966, übrigens die frechste Kritik
an Eliade, die ich kenne.

17 Die Cheyenne schlugen mit Rasseln auf die Häute, was das Getrappel
    der Hufe der Büffel bedeutete, die Erect Horns aus der Höhle von
    Nowah'wus folgten. Dem liegt vielleicht ein schamanistischer Höh-
    len-Tierkult zugrunde, wie es ihn eventuell bereits im Jungpaläolithi-
    kum gab. Cf. H. P. Duerr: *Traumzeit,* Frankfurt/M. 1978, S. 34 und
    202 ff. und besonders *Sedna oder Die Liebe zum Leben,* Frank-
    furt/M. 1984, Teil I.

18 »Literally from my backdoor«, schreibt Sebald in seinem aufschluß-
    reichen Artikel »Roasting Rabbits in Tularemia« (in R. de Mille: *The
    Don Juan Papers,* Santa Barbara 1980, S. 34), »I have spied on bob-
    cats, quail, rattlesnakes, hawks, rodents, and coyotes – though none
    of the latter have spoken to me.«

19 Kurz vor der Arrow Ceremony des Jahres 1982 habe ich mit einigen
    Cheyenne über dieses Erlebnis gesprochen. Ich kann an dieser Stelle
    nicht auf die verschiedenen Interpretationsversuche eingehen und
    will nur sagen, daß ich in Oklahoma eine desolate, von Fraktions-
    kämpfen zerrissene Situation vorfand.

Tanzt Papa Legba in Afrika?
(1983)

In einer Besprechung des Buches *Verkehrte Welten* von Fritz Kramer schreibt Jacob Taubes, Fritz habe »uns belehrt, daß alle, die vom Mythos und Mythologie *in illo tempore* sprechen, in Wahrheit sich *in nostro tempore* bewegen«.[1] Da ich selber gerne von *in illo tempore* spreche, auch wenn ich das australische Pidgin-Wort »Traumzeit« *(dream-time)* verwendet habe, will ich mich in den folgenden Zeilen mit dem Jacobschen Satz, genauer gesagt mit der Geisteshaltung, die hinter ihm zu stehen scheint, auseinandersetzen.

Legba ist der Hermes von Dahome (Eshu-Elegba bei den Yoruba), der Gott der Wege, insbesondere der Kreuzwege, der Gott des Zaunes, ein phallischer Wollüstling, der mit besonderer Vorliebe seine weiblichen Verwandten beschläft, ein Schlitzohr, ein Trickser, einer, der zwischen den Welten vermittelt, der Welt des Menschen und der Welt der Götter. Schwarz ist deshalb bisweilen die eine Hälfte seines Gesichtes, rot ist die andere, ähnlich wie beim griechischen Hermes oder beim gallorömischen Merkur. In den afro-amerikanischen Kulten gehört er zu den Göttern, die mit besonderer Heftigkeit von den Menschen Besitz ergreifen, in sie eindringen, sie »reiten«. Er bespringt die Frauen, wirft sie zu Boden, löst ihre Persönlichkeit auf, schlägt um sich, zuckt oder liegt in Totenstarre. Er ist der *loa*, der entgrenzt:

> *Atibô-Legba, l'uvri bayè pu mwê, agóe!*
> *Papa-Legba, l'uvri bayè pu mwê!*
> *Pu mwê pasé.*
> Atibô-Legba, öffne die Grenze für mich, agóe!
> Papa-Legba, öffne die Grenze für mich!
> Damit ich sie überschreiten kann.[2]

Wenn der brasilianische Legba tanzt, dann tanzt er, wie es heißt, nicht in Bahía, er tanzt vielmehr in Gumé. In anderen Worten: er tanzt auf *afrikanischer Erde*, denn Gumé ist eine afro-brasilianische Abwandlung von Guinea, »Afrika« hier weniger in *unserem* geographischen Sinne verstanden, sondern eher als Ort des zeitlosen Ursprungs.

Nun können wir uns mühelos einen Ethnologen vorstellen, der diesen Tanz wie folgt kommentiert: »*In Wahrheit*«, so sagt er, »bewegt sich dieser ›Gott‹ doch ganz offensichtlich nicht in Afrika, sondern im stickigen Hinterzimmer einer Kaschemme in São Salvador, er bewegt sich nicht zu *jener* Zeit, sondern in *unserer* Zeit, *in nostro tempore*, genauer gesagt am 20. März 1983!«

Was werden wir diesem Jacobschen Ethnologen erwidern? Wissen die Afro-Amerikaner über diese simple Tatsache nicht Bescheid? Hat sich ihr Verstand verwirrt?

Natürlich wissen sie darüber Bescheid – aber die Pointe der, sagen wir »mythischen Perspektive« besteht ja gerade in der *Ausblendung* dieser geographischen und zeitlichen Alltagswahrnehmung. Wird der geographische Ort São Salvador ausgeblendet, indem Legba eine Frau bespringt, so eröffnet sich ein »mythischer Ort«, Gumé.

Natürlich weiß der Schizophrene, der aus der Zeit gesprungen ist, daß es die normale Zeit gibt – aber diese Zeit des Alltags ist für ihn *bedeutungslos* geworden, er *fühlt* die Zeit nicht mehr.

Der Jacobsche Ethnologe wird sich nicht zufriedengeben. Er wird sagen: »Nun gut, es mag so sein, daß in *dieser Bewußtseinshaltung* Raum und Zeit aufgehört haben, eine Rolle zu spielen – aber *in Wahrheit* ist er bewußtlos diesem Raum und dieser Zeit verhaftet, *unserem* Raum und *unserer* Zeit! ›Legba‹ ist nicht der Legba von Dahome, er ist *Papa*-Legba, der Legba von Haiti, von Bahía, vom afro-kubanischen Santería und so fort, befrachtet mit dem ganzen soziokulturellen Gepäck Brasiliens, ein ›Gott‹, in dem sich all die unterdrückten Wünsche und Sehnsüchte deklassierter Menschen Luft verschaffen! Ein afro-*amerikanischer* Legba ist niemals ein *afrikanischer* Legba!«

Nun ist dies Argument nichts als die etwas wissenschaftlicher, etwas soziologischer gewordene Variante des vorigen. Selbstverständlich ist, wenn wir uns zur Abwechslung philosophisch ausdrücken wollen, jede Unmittelbarkeit vermittelt. Um dies einzusehen, müssen wir nicht einmal Hegel gelesen haben. Aber die Vermittelbarkeit der Unmittelbarkeit bedeutet ja nicht, daß es in Wahrheit keine *Unmittelbarkeit* gibt. Freilich *eröffnet* sich diese Unmittelbarkeit nur dem, der sich ihr *hingibt*, etwa der Frau, die sich von Legba bespringen läßt. Wenn Jacob sagt, daß »jene Zeit« *in Wahrheit* »unsere Zeit« sei, so sagt er, daß nur »unsere Zeit« *wirklich* ist und »jene Zeit«, der Ursprung, die Unmittelbarkeit, die Zeitlosigkeit *Schein.* Und die Wissenschaft der Ethnologie (zum Beispiel) zerreißt das Gewebe von Trug. Aber will Jacob dies *wirklich* sagen? Ist Jacob ein Ernst Topitsch, ein Wilhelm Emil Mühlmann? Ich vermute, daß Jacob in den Augenblicken, in denen er solche Sätze schreibt, der Unmittelbarkeit zutiefst mißtraut. Es ist nicht lange genug her, daß deutsche »Neuheiden« den »arischen Menschen«, dessen Wesen darin liegen sollte, »daß er ungeschichtlich sei«[3], gegen den »geschichtlich denkenden Orientalen« mobil gemacht haben. Aber was besagt das? Es besagt nicht, daß es die Unmittelbarkeit nicht gibt, es besagt nur, daß sie jenseits von Gut und Böse ist. Wer sich nicht mehr im Rad der Wiedergeburten befindet, ist weder gut noch böse. Der »im Leben vom Leben Befreite« der hinduistischen Tradition *lacht* nicht einmal mehr über gute Taten. Ich glaube, die menschlichen Kulturen haben drei grundlegende Haltungen zur Unmittelbarkeit entwickelt. Es gibt Kulturen, die die Wirklichkeit der *Vermittlung,* der Geschichte des Lebens leugnen: sie fürchten die Spannungen des Lebens so sehr, daß sie diese zur *maya,* zum Schein erklären. Der Weise läßt sich hier von der Unmittelbarkeit schlucken. »Werdet wie die Kinder«, verkündet der Bhagwan von Oregon. Dann gibt es Kulturen, deren Weise die Existenz der *Un-*

mittelbarkeit leugnen. Eine bekannte Schwundstufe dieser Weisen sind Wissenschaftler, die zum Rückgrat der Kultur gehören, die sich gegenwärtig alle anderen Kulturen dieses Planeten unterworfen hat. Die Kinder dieser Wissenschaftler versuchen, in Oregon wieder zu Kindern zu werden.

Und dann gibt es Kulturen, die kultivierten die *Dialektik* von Unmittelbarkeit und Vermittlung, von »jener Zeit« und »dieser Zeit«, von Tod und Leben. Und wenn man sie besucht, dann kann es einem passieren, daß man mitkriegt, wie in einem der heiligsten Augenblicke ein Mann dem Sonnentanz-Priester zuruft: »He, alter Mann, verbrenn dir nicht die Eier!«

Anmerkungen

1 J. Taubes: »Wende zum Mythos«, *Merkur* 36, 1982. S. 1128.
2 Zit. n. A. Métraux: *Voodoo in Haiti*, London 1959, S. 101.
3 Dies war die Auffassung der »Neuheiden«, die sie in einer »dreitägigen Redeschlacht« mit christlichen Theologen auf der Tagung der »Gesellschaft für germanische Ur- und Frühgeschichte« im Jahre 1934 vertraten. Cf. D.-R. Moser: »Nationalsozialistische Fastnachtsdeutung«, *Zeitschrift für Volkskunde* 1982, S. 211.

Der Wissenschaftler als Hexe

Ein Interview (1978)

Du hast ein aufsehenerregendes Buch geschrieben...
O Gott...
Du glaubst an Gott?
Nachdem ein Mensch ohnehin ständig zwischen Himmel und Hölle steht und sich nicht so recht entscheiden kann, da hab' ich mir gedacht, daß es wohl das beste ist, es weder mit dem lieben Gott noch mit dem Teufel völlig zu verscherzen. Ich habe einen lockeren Kontakt mit beiden.

Es ist anscheinend schwieriger, einen Kontakt mit dir herzustellen. Du hast keine feste Adresse, du magst keine Interviews usw. Wieso?

Es wundert mich ein bissel, daß ihr mich das fragt, denn für mich ist es nicht ganz begreiflich, warum so viele Leute so geil darauf sind, ihre bescheidenen Ideen an die Öffentlichkeit zu bringen. Ich habe nicht den Eindruck, daß die Menschheit meine Gedanken zu ihrem Glück braucht. Gut, ich habe ein paar Bücher gelesen, und ich habe mir sogar Gedanken über sie gemacht, ich habe ein paar Trips geworfen – wer hat das nicht?

Ist das nicht Hochmut?

Natürlich klingen ganz normale Dinge eitel, wenn man sie in der Öffentlichkeit äußert. Deshalb mag ich ja auch keine Interviews und so Sachen. Was ich meine, ist das: Ich kenne einen Haufen Intellektuelle, die halten sich für genial, weil sie irgendeinen Uni-Jargon drauf haben, oder einige Typen in der Subkultur – die haben einen durchgezogen und dabei Castañeda gelesen, und seither laufen sie mit einem tiefsinnigen Gesichtsausdruck rum. Schließlich merken sie, daß sie auch nur Würstchen sind, aber auch daraus machen sie dann wieder eine große Erkenntnis. So nach dem Motto: *All the people know little, but some want to know less than all the others.* Du kannst machen, was du willst – sie wollen immer die ersten sein, die Avantgarde. Ich habe keine Lust mehr, meine Zeit mit solchen Leuten zu vertun, man wird müde mit der Zeit...

Warum hast du dann ein Buch geschrieben?

Weil es mir Spaß macht zu schreiben und weil ich hoffe, daß sich ein paar Leute darüber freuen. An solche Leute denke ich manchmal, wenn ich schreibe. Und dann möchte ich natürlich auch einige Leute ärgern, ein paar abgebrochene Riesen von der Linken und vor allem die Wissenschaftler, die glauben, daß sie nach den paar Trockenkursen, die sie an der Uni abgehalten haben, bereits schwimmen könnten.

Das gelingt dir auch sehr gut – es gibt anscheinend Wissenschaftler, die sich nicht nur am Inhalt deiner Schriften stoßen, sondern auch an deiner Ausdrucksweise?

Na ja, ich habe einmal in irgendeiner Fußnote davon geschrieben, daß ein Dämonenweib mit einem Kräutermännlein »gebumst« habe. Es gibt Leute, die halten das Wort »bumsen« für obszön. Gut. Es ist nicht schön, aber ich halte Ausdrücke wie »Geschlechtsverkehr« oder »Kopulation« für viel obszöner. Eine Frage: Glaubt ihr, daß eine Trollin eher »bumst« oder »verkehrt«?

Wir sind zwar keine »Trollspezialisten«, aber wir denken doch, daß sie eher »bumst«. – Warum ruft dein Buch bei vielen Wissenschaftlern eine unkontrollierte Aggression hervor? An solchen Ausdrücken kann das doch nicht liegen?

Ich habe ein Buch über »Grenzgänger des Wissens« geschrieben, darüber, daß ein Wissenschaftler, wie ich ihn verstehe, in gewissem Sinne eine Hexe sein müsse. Hexe hieß einst »hagazussa«, die, die auf dem Hag, der Hecke, dem Zaun zwischen Zivilisation und Wildnis sitzt, mit dem einen Bein drinnen, mit dem anderen draußen. Ein Ethnologe, der sein Herz an die Methoden der Statistik verloren hat oder der seine Zeit damit verbringt, an irgendwelchen Verwandtschaftsdiagrammen herumzubasteln, wird nicht gerade ein solcher »Zaunreiter« sein können. Nicht daß ich etwas gegen solche Ethnologen hätte – mein Urgroßvater pflegte zu sagen: »Des musses halt aa gewwe« (das ist Mannheimerisch und

Baldung Grien, *Die Wissenschaft,* 1537.

heißt: »Die Welt ist voller Wunder«) – aber solche Leute haben kaum die Eignung, viel von »wilden« Menschen zu verstehen, das heißt von Menschen, die noch ein vernünftiges Verhältnis zur Wildnis in sich selber hatten. »Der Wissenschaftler als Hexe« – das wird kein Ethnologe im Flanell schlucken...

Die »Ethnologen im Flanell« werfen dir »Irrationalismus« vor...

Ja, ja. Es gibt Leute, die glauben, sie hätten ein Monopol auf Rationalität. Wo es rational zugeht, so meinen sie, da wird es steif, bieder, ernst und eingeschnürt. Es gibt ein Bild der Wissenschaft von Baldung Grien: eine hehre Frau im Korsett. Wenn dann einer kommt und der Dame dabei behilflich ist, ihren etwas zu straffen Panzer aufzuknöpfen, damit sie ein bißchen Luft kriegt, dann ist der gleich ein Feind der Vernunft oder im besten Falle ein Lüstling. Da gebe ich den Feministinnen viel eher recht: es ist an der Zeit, daß die Vernunft ihren Büstenhalter öffnet.

Eine Frau als Wissenschaft?

Das hat nicht viel zu bedeuten. Die Korsettfabrik gehört allemal den Männern.

Manches von dem, was du so sagst, allerdings nur manches, erinnert an Feyerabend, den du ja gut kennst. Worin unterscheidest du dich von ihm?

Also hört bloß auf mit den »Abgrenzungen« – ich bin doch kein Marxist! Ich mag halt den Feyerabend, vor allem weil er kein Spießer ist, und so was ist äußerst selten unter Denkbeamten. Natürlich nehme ich ihm vieles nicht ab – aber das »Hier irrt Goethe«, das ist nicht meine Sache. Darüber kann man, wenn man unbedingt will, eine Dissertation schreiben.

Glaubst du, daß dein Buch einen so großen Erfolg hat, weil du die Leute, die in den letzten Jahren so vielen Ideologen auf den Leim gegangen sind, nicht betrügen willst, weil du ihnen nichts versprichst, was ihnen wie Honig eingeht?

Also erstens, fangt jetzt bitte nicht an, mir allzuviel zu vertrauen, das wäre mir peinlich. Aber eines stimmt wahrscheinlich: Im Moment gibt es in Deutschland eine neue alte Ideologie. Sie wird hervorgebracht von einigen »Hundertachtziggradwendern«, die schon stöhnen, wenn einer auch nur das *Wort* Vernunft verwendet. Vor fünf Jahren haben sie noch dem Habermas aus der Hand gefressen, und jetzt kläffen sie ihn alle an. Das sind Leute, bei denen es sich mittlerweile herumgesprochen hat, daß das »Gattungssubjekt«, die »Vernunft« und so weiter bröseliger sind, als sie früher glaubten. Jetzt haben sie ihr Konversionserlebnis wie einst der Luther, als der Blitz in die Eiche fuhr. In Wirklichkeit sind sie sich jedoch viel treuer geblieben, als sie denken. Solche Ideologien sind zwar jetzt Mode, aber sie hinterlassen bei immer mehr Leuten einen faden Nachgeschmack.

Du gibst zu verstehen, daß du auch ein wenig lügst. Vielleicht lügst du auf eine etwas liebenswertere Weise als die anderen, und das wird dir honoriert?

(lacht)

Du schreibst nicht eben »deutsch«, sondern verständlich.

Na ja, es gibt doch wohl auch Deutsche, die man verstehen kann, oder? Wittgenstein etwa – halt, der war Österreicher – oder Nietzsche.

Viele Wissenschaftler kritisieren dich, daß du nicht »drinnen« bleibst, die Freaks, daß du nicht nach »draußen« gehst, um deine Worte zu verwenden. Du kritisierst in diesem Zusammenhang auch Carlos Castañeda!

Ja, denn ich sage weder: die Wirklichkeit ist »drinnen«, noch sage ich, daß sie »draußen« ist. Es gibt den Tag und es gibt die Nacht. Aber außerdem gibt es die Dämmerung. Da fliegt die Eule. Ob es die Hegelsche ist – dazu bin ich zu wenig Ornithologe. Da müßte man meinen früheren Doktorvater Dieter Henrich in Heidelberg fragen.

Aber du gehst doch nach »draußen«?

Ich *bleibe* nicht draußen. Das wenigstens habe ich von der »hagazussa« gelernt.

Du hast geschrieben, daß es einsam macht, auf der Hecke zu sitzen?

Das gibt sich. Nach und nach merkt man, daß die ganz schön bevölkert ist.

Nach und nach, so scheint es, fangen auch die Marxisten an, deine Schriften zu lesen. Was erwarten sie sich davon?

Ich habe da böse Ahnungen. Ich habe einmal einen Film mit Fernandel gesehen. Da spielt er jemanden, den die Polizei irrtümlich für einen Verbrecher hält und einbuchtet. Ein paar Gangster kriegen davon Wind, befreien ihn und wollen mit ihm den großen Coup starten. Aber er führt sie aufs Land, um Hühner zu züchten und Erbsen zu ernten...

Interview: Jennifer Bauer und Patricia Ono

Romantische Ethnologie

Ein Interview (1979)

Du willst das »Wilde« wieder mehr hereinlassen, dann gewinnen wir deiner Meinung nach einiges, vor allem schöneres Erleben… Aber das Wilde allein kann es wohl nicht sein, denn das kam ja hereingestürmt in die deutschen Eigenheime als Freß-, Sauf- und Sexwelle, und jetzt ist das halbe Volk vom Discofieber gepackt. Auch das »anders sehen können« gibt es schon. Bewußtseinsverändernde Medikamente werden von einem großen Teil der Bevölkerung regelmäßig geschluckt, und dann geht halt alles. Anything goes, wenn es vermarktet werden kann – Beate Uhse kriegt das Bundesverdienstkreuz mit gekreuzten Hämmern –, aber steckt das nicht in den Menschen drin, daß sie die Zwänge abschütteln, sobald es geht, und wild werden? Der nächste Kanzler wird vielleicht auch ein Wilder sein! Geht es nicht eher um »soziale Sicherheit«, so wie das Emile Durkheim meinte? Illich hat das – auch das – noch einmal erfunden und »Convivialität« getauft.

Ich habe in der »Traumzeit« ein Ritual der Bakweri am Kamerun-Berg beschrieben, in dem die Frauen stellvertretend für die Gemeinschaft »wild« werden, indem sie sich in Seejungfrauen verwandeln. Indem sie rituell, und das heißt in diesem Falle, mit Bewußtsein wild werden, sind sie dem »Draußen« nicht *ohnmächtig* ausgeliefert. Oder ein anderes Beispiel: Als eine Ethnologin die Nyakyusa fragte, warum sie so ungestüme Riten aufführten, da haben sie geantwortet: Wenn wir das nicht tun, dann werden wir alle *ikigili,* d. h. verrückt…

Was willst du damit sagen?

Ich will damit sagen, daß es nicht genügt, einfach nur *wild* zu werden. Es geht viel eher darum, ein *vernünftiges* Verhältnis zur »anderen Seite«, zur eigenen Wildheit zu kriegen, nicht indem man sie verdrängt, sondern indem man ihr ins Gesicht sieht. Ich mag keine großen philosophischen Worte, aber wenn man will, dann kann man sagen: Eine Kultur wie die unsrige hat die *Dialektik* zwischen Zivilisation und Wildnis nicht verstanden, oder genauer gesagt, sie hat sie geopfert zugunsten eines Dualismus. Wer schrankenlos rationalisiert und zivilisiert, der schafft sich zwangsläufig eine *zerstörerische* Wildnis, in sich und außer sich. Der gehemmte und eingezwängte Spießer frißt, säuft und vögelt hemmungslos, der Atomphysiker schwärmt abends ab sechs für Däniken, und der in der University of California geknechtete Castañeda wirft mit einem »wow« auf den Lippen seine Vernunft über Bord und ist bereit, wie ein kleines Kind zu glauben, daß unter der Wüstensonne von Sonora die Naturgesetze schmelzen. Ich kenne Positivisten und Marxisten, die haben sich zunächst jahrelang auf penible Weise ihre Gehirnwindungen zurechtgebügelt und dann sind ihnen irgendwann – wie es abzusehen war – die Sicherungen durchgebrannt: Dann flüchteten sie in die AAO-Mühle und ließen sich geistig und körperlich durchbumsen…

Du meinst also, daß die Wildheit, die in unserer Gesellschaft ausbricht, eine unkontrollierte und zerstörerische ist, weil sie immer die exakte Entsprechung zur unkontrollierten und zerstörerischen Zivilisation darstellt?

Wird die Wildnis geknebelt, dann fliegen die Fetzen, sobald die Stricke gesprengt werden. Für Descartes auf seiner Suche nach der felsenfesten Sicherheit lauert an jeder Straßenecke der trügerische Dämon. Der Betonfaschismus und die Vernunft-Nazis sind stets verschwistert mit einer ebenso totalitären Unvernunft, sie sind nicht voneinander zu trennen. Im übrigen, der Bierzelt-Kanzler, den du für einen Wilden hältst, der ist ein gutes Beispiel für das, was ich meine. Wenn in Oberfranken ein paar Blumenkinder sich im Stadtpark vergnügen, dann sagt er, daß auf derartige Wesen »von Menschen gemachte Gesetze nicht anwendbar« seien. Auf der anderen Seite rangelt er sich mit New Yorker Nutten um seine Brieftasche.

Wie stellst du dich dazu, daß offensichtlich diese Gesellschaft hier jede Veränderung des Bewußtseins und der Lebensweise vermarktet und vereinnahmt, vom Schamanismus bis zur Revolte und jeder Form von »Alternative«?

Man sollte vielleicht die Ansicht von der Gesellschaft als verschlingendem Moloch nicht überstrapazieren. Das ist eine typische Intellektuellenperspektive. Intellektuelle sind Menschen, die sehr viel denken und die ja auch teilweise dafür bezahlt werden. Denken läßt sich nun so manches. Aber man bemerkt natürlich schnell – und wenn man kein Fanatiker ist, dann gibt man das auch zu –, daß die Wirklichkeit im allgemeinen den Flug der »alternativen Gedanken« nicht einholen kann, daß im Gegenteil plötzlich der Che Guevara im Poster auftaucht oder daß die Manager zur »transzendentalen Meditation« in die Schweiz jetten. Das macht einen depressiv und verzweifelt. Man fühlt sich dem »System« ausgeliefert. Und doch glaube ich, daß man auch in der westlichen Welt Veränderungen bemerken kann, wenn auch Veränderungen auf leisen Sohlen. Nur glaube ich, daß immer noch der Satz gilt: Wer die neue Zeit verkündet, ist selten ihr Beginn. Aber so etwas schlucken jene Leute, die Hans Dieter Heilmann »Alternativler und Marxisten mit Ariernachweis« genannt hat, nicht gern.

Und doch scheint auch dein Buch etwas zu verkünden, nämlich wie man mehr Glück erlangen kann. Hast du bei deiner Beschäftigung mit vergangenen oder fremden Kulturen so etwas wie allgemeine Bedingungen für ein glücklicheres und zufriedeneres Leben gefunden?

Nietzsche hat einmal geschrieben: Du bist zu schnell gerannt für das Glück. Jetzt, wo du müde wirst, holt das Glück dich ein. Ich glaube, es ist offenkundig, die meisten von uns rennen viel zu schnell, und damit meine ich nicht nur die Leute, die ins Kaufhaus und an den Fernsehapparat stürzen, ich meine auch die, die emanzipatorischen Ideen und Idealzuständen samt den dazugehörigen Gurus nachrennen wie der Teufel der armen Seele. Es geht für uns nicht darum, etwas zu erreichen oder zu erzielen, es geht eher darum, etwas zu verlieren. Schau dir die Wildbeuter an, sie säen nicht, sie ernten nicht und leben doch, und zwar nicht nur nicht schlecht, sondern besser und glücklicher als wir, wenn auch Marshall Sahlins' Wort von der »ursprünglichen Überflußgesellschaft« etwas übertrieben sein mag. Wir waren alle bis vor kurzem die Opfer einer Ideologie, die uns eingeredet hat, daß die Entwicklung der Zivilisation seit der Neusteinzeit uns näher ans Glück, Wohlleben und die Wahrheit gebracht habe. Ich bin der festen Überzeugung, daß kein Wort davon wahr ist. Schau dir unser Leben in den Steinschluchten »im Schweiße des Angesichts« mit all seiner Hetzerei und Lieblosigkeit an oder unsere »Erkenntnisspezialisten«, die Wissenschaftler, die eine bunte und vielfältige Wirklichkeit zu einem grauen, leblosen Einheitsbrei zermanschen, zu anmaßenden Theorien und langweiligen Büchern, und dann lies ein Buch wie das kürzlich erschienene »Kalahari Hunters and Gatherers«, eine Aufsatzsammlung, in der das Leben der Buschleute beschrieben wird, wie die Mütter dort mit ihren Kindern oder die Schamanen mit dem Jenseitigen umgehen ... Nein, der Ausflug in die heutige Zivilisation hat sich für die Menschheit nicht gelohnt.

Ein neuer »Mythos vom guten Wilden«?

Ja! Aber dieses Mal ist nicht nur der Wunsch der Vater des Gedankens, wenn ich mich nicht irre ...

Stell dir vor, du hättest Wein, Kartoffeln und Tabak selbst anbauen müssen, dein Brennholz sammeln und deine Briefe selbst zu Paul Feyerabend tragen müssen, hättest du dann deine »Traumzeit« schreiben können? Und selbst wenn du das gebracht hättest, wie könnten wir vielen anderen denn einfacher leben? Denn wenn wir die Zwänge abwerfen, dann müssen wir wohl auch viele Institutionen abschaffen, auch die Brummis, die für gleichförmiges Konsumieren sorgen, und die Versicherungen, die Angst und Ungewißheit vermindern.

Die Wildbeuter sammeln ihr Brennholz, ohne sich einen Bruch daran zu tragen. Sie arbeiten ganz wenige Stunden am Tage, und dabei sind sie gesünder als die Pflanzer und Bauern, die auf sie als »Wilde« herabschauen. Und wenn sie dann abends am Lagerfeuer sitzen, dann *schreiben* sie zwar nicht über die Traumzeit, aber sie erzählen sich von ihr, und manchmal begeben sie sich auch in die Traumzeit, wie die Australier, oder in das *kia,* wie die Buschleute sagen. Der Feyerabend würde nicht in Berkeley leben, sondern in der Nähe eines Wasserloches in der Etoscha-Pfanne, wo er damit beschäftigt wäre, eine Gruppe von Ethnologen an der Nase herumzuführen. Was sollte meine Frau, meine Kinder und mich daran hindern, ihn zu besuchen? Natürlich würden wir uns keine Briefe schreiben, aber wer wollte unter diesen Umständen auch Briefe schreiben? Angst und Ungewißheit in dem Ausmaße, wie wir sie heute kennen, sind mit der Seßhaftwerdung der Menschen entstanden. Irgendwann, in der mittleren Steinzeit, vor etwa zehntausend Jahren, gab es eine Bevölkerungsexplosion, und den Menschen war es nicht länger vergönnt, unter *vergleichsweise* paradiesischen Bedingungen zu leben. Wir alle kennen die *Genesis* – ihr Verfasser hat sich noch nicht so in die Weste gelogen wie die späteren wissenschaftlichen Verteidiger unserer Zivilisation –, und dann kam die Sorge um die Ernte, man stand mit dem Rücken zur Wand und zu den Pflanzungen, die Menschen wurden zu Kriegern, sie teilten sich in Klassen usw. Der Rest ist bekannt...

Du erinnerst mich an den amerikanischen Anarchisten Henry David Thoreau, wie er Mitte des vorigen Jahrhunderts in seinem selbstgebastelten Blockhaus genügsam lebte und exakte Naturbeobachtungen und mystische Meditationen aufschrieb. Dabei nahm er besonders den kapitalistischen Materialismus und die staatlichen Institutionen aufs Korn. Er forderte zum gezielten, »wilden« Ungehorsam aus sozialer Verantwortung auf und mußte deshalb mehrfach in den Knast. Für was bist du? Sollen wir die Polizisten bitten, mit ihren Dienstmützen Schiffchen zu spielen? Sollen die Versicherungsangestellten Gänseblümchen pflücken? Sollen Bundesrichter in ihren muffigen Talaren Levitationsübungen machen? Und willst du derweil mit Kohl und Vogel kiffen?

Natürlich ist das schön, mit den Fischen im Teich und dem fri-
schen selbstgebackenen Brot, aber wenn alle am Teich hocken
wollen, wie ist dann die Hockordnung?

Ich glaube, ich habe mich etwas mißverständlich ausgedrückt. Natürlich glaube ich nicht daran, daß wir wieder zu
Wildbeutern werden könnten – für die meisten von uns, bei
all den Bedürfnissen nach Zivilisationsgütern und nach Herrschaft und Unterordnung, wäre eine solche Regression eine
Katastrophe. Ich habe die Buschleute oder die Pygmäen lediglich angeführt, um deutlich zu machen, daß der Weg in die
immer größer werdende Komplexität, den Konsum, die
blinde Rationalität, die Unterwerfung der Natur usw. ein Irr-
weg gewesen ist und noch ist. Das Leben der Jäger und
Sammler zeigt, daß das nicht schon immer so war und nicht so
zu sein braucht.

Was hilft uns das?

Es zeigt uns, in ganz groben Umrissen, welchen Weg wir
nicht weitergehen dürfen, wo wir bremsen oder, wenn es
geht, aussteigen müssen. Ich glaube, daß heute vielen Leuten
das Gefasel von der »Entfesselung der Produktivkräfte«, von
»sozialistischen Atomkraftwerken zum Wohle der Arbeiter-
klasse« usw. unerträglich geworden ist. Und da sollte man
vielleicht die Rolle, die anschauliche Bilder anderer Lebensformen spielen können, nicht unterschätzen. Jede Revolte
braucht ihre Mythen – das Bürgertum des 18. Jahrhunderts
den »bon sauvage«, die Feministinnen die »unbemannte
Diana«, die Anarchisten den *gelebten* Zustand der Herr-
schaftslosigkeit und so fort. Die »herrschaftsfreie Kommunikation« vom Starnberger See oder das »Prinzip wissenschaftlicher Kritik« von der Mannheimer Wirtschaftshochschule –
solche blutleeren Ideale sind etwas für Professoren mit
Altersversorgung und für deren Nachwuchs. Solche Ideale
mögen den Verstand ansprechen, aber nicht den Verstand
und das Herz!

Die meisten Journalisten mögen dein neues Buch – viele sind
sogar davon begeistert. Die Fachwissenschaftler haben sich

bislang zurückgehalten, während manche Freaks erstaunlicherweise unzufrieden mit dir sind. Könnte das so sein, daß die Journalisten glücklich sind über deinen Humor, mit dem du die Wissenschaftler durch den Kakao ziehst, die Fachwissenschaftler noch nicht wissen, wie sie sich gegen dich immunisieren sollen, und die Freaks sehr verärgert darüber sind, weil du ihnen zwischen die Hexensalben-Rezepturen und Heilsverkündungen allzuviel und oft auch recht schwierige Wissenschaft hineingepackt hast?

Ich möchte nur etwas zu den Freaks sagen. Du weißt, daß ich keine allzu großen Sympathien habe für die Positivisten (ob marxistische oder nichtmarxistische) oder für jene Schikkeria, die in den Hegelseminaren rumsitzt oder auf den erstbesten philosophischen Mist, der aus Frankfurt... ich meine aus Frankreich importiert wird, fliegt...

Ein Freudscher Versprecher?

Nein, nein, ein ganz harmloser Versprecher... Ja, ich wollte sagen, was mir genauso unsympathisch ist, das ist der Irrationalismus all derer, die, ohne sich verändert zu haben, heute den Don Juan anbeten, wie sie noch vor fünf, sechs Jahren den Marx verehrt haben. Ich kenne Leute, die haben 1969, im Vollbesitz der Gnade, die Nase gerümpft und sich Blicke zugeworfen, weil ich auf der Demo eine schwarze statt eine rote Fahne geschwungen habe. Genau dieselben Leute werfen mir heute vor, ich sei »halt doch ein Uni-Typ«, weil ich nicht daran glaube, daß irgendwelche vollbärtigen Gurus über den Zürcher See fliegen können, oder weil es mir Spaß macht, in Bibliotheken zu sitzen, um alte Bücher zu lesen. Sie sagen, ich sei nicht radikal genug. Gut, das stimmt: Ich bin nicht radikal. Na und? Wenn diese Leute sich das einbilden, und es dann nicht so ist, dann ist das ihr Problem, nicht meines. Neulich hat mir bereits ein Castañeda-Jünger in einer Rezension die Exkommunikation angedroht: »Noch ist er einer von uns, *wie lange noch?*« Das erinnerte mich an eine Geschichte von vor zehn Jahren. Da wollten sie zwei andere Aufmüpfige – Christian Sigrist und Fritz Kramer – und mich aus der Deutschen Gesellschaft für Völkerkunde rauswerfen, woran sie vermutlich die Tatsache hinderte, daß wir gar keine Mitglieder waren. Aber was diese Freaks betrifft: Viele von ihnen sind – wie ihre christlichen Großväter – unablässig quer durchs Jammertal auf der Suche nach dem strahlendsten Weiß ihres Lebens. Dann machen sie dich irgendwann zu ihrem Meister Propper, aber schließlich kommen sie dahinter, daß du einen leichten Grauschimmer hast, und fühlen sich verraten und hintergangen. Deshalb sind ihre Abrechnungen dann manchmal viel härter und verletzender als die Angriffe der Wissenschaftler. Noch ein Wort zu den Journalisten. Es ist wahr – und ich war etwas überrascht darüber –, daß viele Literaturkritiker mein Buch so gut beurteilt haben: Vielleicht sind sie froh über jeden, der die öde akademische Wissenschaft nicht mitmacht. Es gibt aber auch andere, und zwar solche, die während der Studentenbewegung auf ihren Universitätsärschen gesessen sind und dem Treiben vom Balkon aus zugesehen haben – und genau diese Leute werfen uns heute vor, wir hätten uns »aus der Politik zurückgezogen«, würden nicht »gesellschaftsrelevant« denken. Es fehlt gerade noch, daß sie uns darauf aufmerksam machen, daß wir den »Grundwiderspruch zwischen Lohnarbeit und Kapital« nicht berücksichtigten. Ich glaube, der Marxismus hat sich inzwischen herumgesprochen...

1. Wissenschaft ist eine Leidenschaft, die 2. durch Leiden Wissen und 3. durch Wissen Leiden schafft. Zu dem ersten kannst du, was dich betrifft, sicher zustimmen, denn mit deiner »Fröhlichen Wissenschaft« empfiehlst du wohl auch mehr Leidenschaft oder Wildheit, und wenn diese mehr verbreitet wäre, so würde die Langeweile schrumpfen und der sich rasch ausbreitende Verdruß an Wissenschaft und Technologie würde sich auch etwas mildern. Zu 2. wäre Paul Feyerabend zu fragen, wie ernst er seine sanften Ratschläge zur Liberalität und zum Pluralismus meint. Hat er wirklich nicht bemerkt, daß die meisten Wissenschaftler deshalb durch Leiden Wissen hervorbringen, weil sie ihre Themen und ihre Arbeit gerade nicht selbst und frei wählen können, weil eben nicht »alles geht«, sondern nur das, was in die Machtinteressen derjenigen Institutionen paßt, die 90% der amerikanischen Forschung bezahlen…?

Ich kann hier natürlich nicht für Feyerabend sprechen, das müßte er selber tun. Ich will nur eines sagen: Feyerabend hat ein Hobby, nämlich seine Kollegen, insbesondere die Kritischen Rationalisten, den Messias selber und die Jünger zu ärgern und zu provozieren. Wenn er so etwas nun schon fünfzehn Jahre lang mit wachsender Begeisterung tut, dann bedeutet das wohl, daß ihm die Verkündigung noch arg im Herzen steckt. Ich nehme an, daß der Feyerabend den »Popper in sich« noch nicht losgeworden ist, sonst würde er ihn sicher nicht jahrein, jahraus auf die Schippe nehmen. Ich glaube, daß sich die Tatsache – wenn es eine ist –, daß Feyerabend Herrschaft in erster Linie als *intellektuelle* erfahren hat, als »Methodenzwang« überheblicher Wissenschaftstheoretiker, daß sich das in vielem von dem, was er schreibt, niederschlägt. So heißt es zum Beispiel einmal bei ihm, daß sich ein »Dadaist«, wie er ihm vorschwebt, *in der Praxis* durchaus so verhalten könne wie irgendein »Rationalist« oder sonstwer. Er unterscheide sich von letzterem lediglich in der theoretischen *Begründung* seiner Meinungen oder Verhaltensweisen: Er würde nämlich nicht sagen, daß er das und das tue oder meine, weil es so richtig sei, sondern weil ihm gerade der Sinn danach stehe. Das erinnert mich sehr an den antiken, und zwar an den pyrrhonischen Skeptizismus, wie er von Sextus Empiricus aufgezeichnet wurde. Auch der Skeptiker konnte in der Praxis den verrücktesten oder normalsten Standpunkt einnehmen, der sich nur denken ließ, aber er sagte, daß das keine »Erkenntnis«, sondern eine bloße »Äußerung« sei. So ein Skeptiker kann sich natürlich überall ganz blendend anpassen – wer wird sich über ihn aufregen? Wirkliche Machtgruppen bestimmt nicht, denn denen geht es darum, wie sich jemand verhält, nicht wie und ob er dieses Verhalten philosophisch begründet. Aufregen werden sich über den Skeptiker lediglich philosophische Gedankenpolizisten, und die an den Senkel zu stellen scheint eben auch die Absicht Feyerabends zu sein...

Feyerabend scheint z. B. die Abhängigkeit der Forschungsinstitute von den staatlichen, besonders den militärischen Interessen zu verkennen. Ich habe im Dezember 1966 schon einmal fast wörtlich dieselben Argumente gehört, und zwar von einem Kollegen von der Universität in Berkeley. Nach einigen Drinks erzählte dieser Mann freimütig auch von seinen Berufserfolgen: Er entwickelte gefährliche Nervengase für das US-Verteidigungsministerium. Ich will damit nicht sagen, daß diese Leute den Feyerabend brauchen, aber es scheint doch wohl so zu sein, daß er unabsichtlich dazu beiträgt, deren Interessen zu verschleiern.

Nun, ich halte Feyerabend nicht für so naiv, daß er nichts von diesen Abhängigkeiten weiß, auch wenn man in seinen Schriften mehr über die Einflüsse Sir Karls als über die des US-Kriegsministeriums auf die Forschung erfahren mag, was natürlich auch schlicht damit zusammenhängt, daß Feyerabend ein Wissenschaftstheoretiker und -historiker und kein Wissenssoziologe ist. Und überdies scheint Feyerabend ja auch Zustände für erstrebenswert zu halten, in denen freie Bürger der betreffenden Gemeinden über Inhalte und Ziele von Forschung und Lehre entscheiden und nicht die Industrie oder der Staat. Er meint ja, ähnlich wie Thoreau, daß der Staat der beste sei, der am wenigsten in Erscheinung tritt, der sich eigentlich nur als eine »Schutzstruktur« bemerkbar macht. Wer soll geschützt werden? Die einzelnen Kommunen voreinander. Feyerabend meint, daß die Menschen in ihren Wünschen und Interessen nun einmal sehr verschieden voneinander seien und daß sie auch ein Recht darauf haben, weil es ja anscheinend keine Hyper-Vernunft gebe, an der sich das, was die Leute jeweils für richtig halten, messen ließe. So müsse es lediglich eine Art Polizei geben, die die einzelnen Gruppen daran hindere, sich gegenseitig an die Gurgel zu springen. Das klingt ja nicht unvernünftig, oder? Der Irrtum

Feyerabends liegt jedoch meines Erachtens dort, wo er glaubt, daß diese »Schutzstruktur« *ideologiefrei* und völlig tolerant sei, daß ihr keine »humanitäre Ethik« zugrunde liege. Im Gegenteil, Feyerabend ist ein extremer Liberaler: Seinem Staat liegt die Vorstellung zugrunde, daß man die verschiedenartigsten Interessen schützen müsse. Damit greift dieser Staat natürlich in das Leben der Menschen ein und schränkt es gegebenenfalls erheblich ein. Feyerabend sagt, daß alle Menschen ein Recht darauf haben, so zu leben, wie *sie* es wollen, auch wenn ihre Lebensform anderen Menschen bestialisch und irrational erscheine. Aber was wird Feyerabend sagen, wenn sich plötzlich faschistische oder stalinistische Gruppen formieren, die glauben, sie hätten die Wahrheit schon gebongt und sie hätten deshalb ein Recht darauf, sie anderen aufzuzwingen, weil sie eben, um mit Rousseau zu sprechen, die volonté générale verkörperten? Nach Feyerabend müßte der Staat solchen Gruppen auf die Finger hauen. Warum? Weil es der Feyerabendschen Moral widerspricht, anderen seinen Willen aufzuzwingen. Dies zeigt jedoch, daß eine »humanitäre Ethik« keine Moral unter anderen ist, sondern die grundlegende Moral des Staates, wie er ihn sich vorstellt. Ich glaube, daß Feyerabend, wie so viele vor ihm, das Dilemma des Relativismus nicht vermeiden kann, weder in seiner Philosophie noch in seinen politischen Vorstellungen. Will man *so* tolerant sein, daß man *jede* Lebensform und Meinung toleriert, wird man damit rechnen müssen, bei der erstbesten Gelegenheit von denjenigen vom Sofa gebürstet zu werden, die keine Relativisten sind. Aber von diesen Dingen abgesehen, wäre ich durchaus bereit, zumindest einige Strophen von Feyerabends Loblied auf die Bürgerinitiativen mitzusingen...

Warum nur einige Strophen?

Vielleicht erinnerst du dich daran, daß es während der Studentenbewegung in Heidelberg eine bemerkenswerte anarchistische Initiative gab, nämlich eine Bürgerwehr, die gegen die Linken vorgehen wollte. Und gerade eben haben im sauberen

Zürich Bürgerinitiativen mit Erfolg Kopfgelder auf die Ergreifung jenes »Künstlers mit der Spraydose« ausgesetzt, der ihnen endlich mal ihre trostlosen Fassaden verschönt hatte. Ich kann also Feyerabend nur wünschen, daß die Bürgerinitiative von Berkeley oder, wenn er jetzt nach Zürich geht, die von Zürich nicht auf den Gedanken kommt, daß Lehrstühle für Wissenschaftstheoretiker rausgeschmissenes Geld sind…

Deine Beispiele machen deutlich, daß es ganz verschiedene Formen von Bürgerinitiativen geben kann und daß sie an sich noch keine Humanität garantieren…

Ich meine, man muß bei allem berücksichtigen, daß der Mensch kein gefallener Engel ist, wie sich das manche Anarchisten – eine bedeutsame Ausnahme war Paul Goodman – so denken. Diese Leute sagen: Die Menschen sind gut, die Umstände sind schlecht – laßt uns die Umstände ändern und dann wird alles gut sein. Natürlich ist an dieser Denkweise etwas Wahres, aber andererseits ist sie auch geeignet, den Menschen die Verantwortung für sich selber von den Schultern zu nehmen. Wo steckt der Bösewicht? Allein in der Gesellschaft, in den Verhältnissen, bei der vorigen Generation usw., überall, nur nicht bei einem selber. Es gab einmal während des Pariser Mai 68 eine sehr vernünftige Mauerinschrift, die lautete: Tuez le flic en vous! Zu deutsch: Tötet den Bullen in euch! Ich habe den Eindruck, daß wir gerade in den letzten Jahren von einer Ideologienwelle überschwemmt werden, die so etwas wie eine Infantilisierung des Menschen verkündet. Man kann sich kaum mehr retten vor »Rückbesinnungen auf die eigene Subjektivität und Sinnlichkeit« und dergleichen. Plötzlich werden überall »Eigenbedürfnisse« und so Sachen entdeckt und oft mit ziemlich kaputten, aus der Psychologie stammenden Wörtern beschrieben. Ich glaube indessen, daß den meisten Menschen weniger die »Artikulationsmöglichkeiten dieser Bedürfnisse« abgehen als vielmehr eine ganz schlichte Menschlichkeit und Zuneigung zu anderen und vor allem eine ganz elementare Verantwortlichkeit gegenüber den Menschen, mit denen man zusammenlebt oder mit denen man zu tun hat. Ich muß dir sagen, mir geht dieses ständige Therapie- und Subjektivitätsgefasele in all seiner Anmaßung und Verklemmtheit ganz enorm gegen den Strich. »Was kümmert mich Vietnam, wenn ich Orgasmusschwierigkeiten habe«, hieß es schon vor zehn Jahren, wenn ich mich nicht irre, hat das damals der Langhans* gesagt, der heute unter die Heiligen gegangen ist. So Sätze haben heute Hochkonjunktur, und man kann sicher sein, daß inzwischen buchstäblich in jedem Universitätsseminar irgendwann einmal irgend jemand, wie Karl Markus Michel es einmal beschrieben hat, in die Runde kotzt: »Also, was ihr hier so rumquatscht, das bringt mir für mich echt überhaupt nix« usw.

Aber wenn man deine Sachen liest, dann hat man doch auch den Eindruck, daß du großen Wert auf Sinnlichkeit, Gefühl, Leidenschaft usw. legst. Schließlich gibt es eine Unmenge Leute, die dich auch in die Richtung »neue Innerlichkeit« einordnen...

Viele Leute leiden unter einem »Einordnungs-Wahn«. Sie fühlen sich so lange unwohl, bis sie endlich ein Kästchen gefunden haben, in das sie dich mit einem Etikett versehen hineinlegen können. Im Augenblick schwanken die Rezensenten meines letzten Buches zwischen »Irrationalist« und »Romantiker« – »Der Aufzug der neuen Romantiker« heißt der etwas tantenhafte Artikel einer Germanistik-Professorin in der FAZ...

Aber so ganz aus der Luft gegriffen ist es ja wohl nicht, dich als Romantiker zu bezeichnen...

Nein, zweifellos nicht. Diese Welt, in der wir leben, fordert ja in geradezu aufdringlicher Weise heraus, so etwas wie ein Romantiker zu werden, womit ich einen Menschen meine, dem ein von Wissenschaft und Technologie kastriertes Leben nicht genügt. Ein Romantiker sagt zu den Leuten: Glaubt

---

* Es war zwar nicht der Rainer, sondern der gute Kunzel, der heute immer noch in der KPD ist und die heiligen Schriften in Neukölln samstags vorm Woolworth verkauft. (Anm. d. Verlegers der Erstausgabe.) Auch das ist nicht mehr zutreffend: Heute ist der Dieter in der AL und ißt auf alternativen Stadtteilfesten Döner Kebab.

doch um Himmels willen nicht, daß das *alles* ist, schaut doch auf das Unkraut, das durch die Ritzen des Asphalts dringt, auf das »Dschinnistan«, das uns von allen Seiten umgibt und das man sehen kann, wenn man nicht mehr so fest krallt... Ich sage nicht, daß da »draußen« die wahre Wirklichkeit ist und daß die materiellen und geistigen Betonschluchten nur *maya*, nur Schein sind, das wäre kindisch. Ich sage lediglich, daß das Leben und die Erfahrung viel reicher sein können und in mancher Hinsicht in vergangenen Kulturen viel reicher gewesen sind, als das heute, in unserer schönen neuen Welt, der Fall ist.

Man mag den größten Teil der Errungenschaften unserer Zivilisation kulturkritisch ablehnen, aber bleibt nicht doch ein beachtlicher Rest von Ergebnissen und Möglichkeiten, auf den wir nicht mehr verzichten wollen? Noch einmal: Glaubst du vielleicht, daß diese neue Welt die Menschen instand setzt, sehr viel mehr zu realisieren, als es die archaischen Kulturen jemals vermochten?

Ich glaube, daß etwas weniger mehr wäre. Wir leben, um mit Lévi-Strauss zu sprechen, in einer zu »heißen« Kultur, wir leben zu schnell, zu aufwendig, zu brutal, zu spitz, zu metallen... Das gilt auch für unsere Wissenschaft, die in ihrer Maßlosigkeit und Aufdringlichkeit alles das totschlägt, was eine etwas sanftere Stimme hat und was sich vor Laboratoriumsbeleuchtung und verkrampften Fragestellungen zurückzieht. Ich habe in meinem Buch einen Voodoo-Priester zitiert, der gesagt hat: »Wenn die Ethnologen kommen, verlassen die Geister die Insel.« Ich habe diesen Satz neulich einmal in einem Gespräch mit dem Wissenschaftstheoretiker Hans Albert geäußert, und der hat sofort erwidert: »Aha – eine Immunisierungsstrategie gegenüber wissenschaftlicher Überprüfung!« Das ist bezeichnend – viele Leute denken immer wieder, daß man nur von dem wissen kann, was *sie* mit *ihren* Methoden, mit *ihrer* Forschungsmentalität sehen und greifen können. Aber was bedeutet das, daß Hans Albert keine Elfen sieht? Es bedeutet nur, daß er halt keine *sieht*...

Du meinst, daß man nicht jeden Fisch mit jedem Netz fangen kann?

Ja, genau das meine ich. Werner Müller, ein alter Ethnologe in Tübingen – übrigens einer der ganz wenigen deutschen Völkerkundler, deren Schriften atmen und leben –, hat anschaulich beschrieben, wie die passive Grundhaltung der Sioux-Indianer diese in die Lage versetzte, die ungezählten Stimmen der Natur zu hören, die für uns längst verstummt sind. Wir, mit unserer homo faber-Aktivität, wir trampeln alles nieder und sehen überhaupt nichts mehr. Das gilt auch für viele Ethnologen, die die Chance, wirklich von fremden Völkern zu lernen, kläglich vertun. Ich denke gerade an zwei besonders armselige Schriften, die in den letzten beiden Jahren erschienen sind, die »Systematische Anthropologie« von Tschohl und Rudolph und die »Methodenprobleme interkulturellen Vergleichs« von Schweizer. Diese Wissenschaftler betreten ein blühendes Land und verlassen eine Wüste – alles verdorrt unter ihren Händen, in denen sie nur noch vertrocknete, tote Stengel halten. Es gibt noch viele Ethnologen mit intellektueller General Custer-Haltung, die hoffentlich bald ihr Little Big Horn erleben werden. Letzteres ist nicht ganz unwahrscheinlich, denn es sind genügend verkappte Cheyenne auf dem Kriegspfad...

Interview: Helmut Krauch

Können Ethnologen fliegen?

Ein Interview (1979)

Noch nie hat im deutschen Sprachbereich ein ethnologisches Buch einen solchen Widerhall gefunden wie Ihr Buch »Traumzeit«, das inzwischen nicht nur in anderen europäischen Ländern, sondern auch in Amerika und in Afrika diskutiert wird. Ein Jahr nach Erscheinen werden bereits Examensarbeiten über das Buch geschrieben. In Kürze geht es in die fünfte Auflage...

Wenn Sie so weitermachen, komme ich mir noch ganz bedeutend vor!

Aber gleichzeitig war die »Traumzeit« auch ein Stich ins universitäre Wespennest...

Na ja, ich hab' halt mal auf das Nest gehauen. Im ersten Augenblick waren die Insassen etwas betäubt, aber dann sind sie ausgeflogen, und jetzt stechen sie wie wild in der Gegend herum.

Die Wissenschaftler reagieren kopflos?

Ich will nicht verallgemeinern. Viele Wissenschaftler haben mein Buch auf faire Weise beurteilt und auch kritisiert, und von manchen habe ich auch etwas gelernt. Aber es gibt auch Universitätsdenker, die vor Haß anscheinend den Verstand verloren haben, und da der Verstand das einzige ist, was diese Leute haben, ist das eine ernste Angelegenheit. Hätten sie sich einen kühlen Kopf bewahrt, dann wäre es ihnen ganz leichtgefallen, mir eins auf den Deckel zu geben. Schließlich kann man jedes Buch total verreißen, vorausgesetzt man zügelt die Affekte und entwickelt ein bißchen Raffinesse. Doch die Leute, von denen wir reden, haben tölpelhaft reagiert.

Wieso tölpelhaft?

Ich kenne nur wenige gute Fighter, gewissermaßen Muhammed Alis in der Wissenschaft. Von kleineren Patzern abgesehen gehört Paul Feyerabend zu ihnen. Der Paul kann zwar sehr aggressiv sein, besonders beim Kontern, aber es ist *im-*

mer Charme dabei. Man sieht, er liebt das Leben. Aber diese Migräne-Denker, über die wir reden – ob sie die Masche nun rechts oder links stricken, spielt keine Rolle –, die sind so uncharmant boshaft, so buchhälterisch. Manchmal sind sie höchstens unfreiwillig komisch. So hat beispielsweise einer geschrieben, ich sei ein Sexualneurotiker, weil ich ein Kapitel meines Buches »Die Vagina der Erde und der Venusberg« genannt habe. Ein noch subtilerer Geist hat lakonisch gemeint, ich sei vermutlich »eine Drecksau«.

Das ist doch nicht komisch?!

Na ja, vielleicht nicht *sehr* komisch – aber ulkig daran ist, daß diese Professoren zur scheinbar schärfsten Waffe greifen, die sie haben, und dann ist es auch noch ein Bumerang…

Sie meinen, jeder wird sich fragen, wer *hier der Sexualneurotiker ist?*

Ich bin kein Psychoanalytiker, und mein Interesse an den Neurosen von Ordinarien ist, offen gestanden, ein bescheidenes. Aber ich glaube, daß Sie recht haben.

Die Interpretation altsteinzeitlicher Höhlen als Mutterschoß und des Höhleneingangs als Schamspalte stammt ja nicht von Ihnen…

Nein. Nicht nur Psychoanalytiker wie Neumann, auch Urgeschichtprofis wie Leroi-Gourhan von der Sorbonne oder die Höhlenforscherin Marie König, die allerdings eine, sagen wir sehr spekulative Außenseiterin ist, haben ähnliche Auffassungen vertreten. Soweit mir bekannt, hat bisher kein noch so verklemmter Professor die These aufgestellt, Frau König leide unter einer lesbischen Sexualneurose.

Ernest Borneman hat geschrieben, er habe zwar noch nie bei der Lektüre eines wissenschaftlichen Buches so viel gelacht wie bei der »Traumzeit«, aber andererseits wirft er Ihnen vor, Sie seien ein Feind der Aufklärung und prahlten damit, nachts mit Hexen zu kopulieren…

Herr Borneman bezieht seine Informationen nur zu geringem Teil aus meinem Buch. Er bevorzugt Klappentexte und Verlagsankündigungen. Wir sollten ihn freilich nicht im Zusammenhang mit den Universitätsspießern nennen. Herr Borneman ist ein witziger und gebildeter Mann, der halt auch gerne mal von einer rothaarigen Hexe mit ins Heu genommen werden würde. Ich kann das gut verstehen.

Es gibt Leute, die sagen, Sie schreiben obszön. Mir fällt allerdings auf, daß das immer nur Männer sagen – und das ist erstaunlich. Auch die Feministinnen, die in diesem Punkt doch sensibel sein dürften, sind Ihnen ja überraschenderweise wohlgesonnen, während sie beispielsweise Theweleit verrissen haben!

Also eins versteh' ich nicht! Wieso denkt alle Welt bei Feministinnen immer an Megären? Gewiß, es gibt unter ihnen sehr überspannte Damen, aber wo gibt's die nicht? Daß die Feministinnen mich nicht hassen, das wundert mich gar nicht. Ich hasse sie ja schließlich auch nicht. Ich mische mich allerdings auch nicht in ihre Angelegenheiten – als ob sie ausgerechnet auf mich gewartet hätten, der ihnen was zu erzählen hätte. Daß den Feministinnen der verständnisvolle Softy, der am liebsten jeden Monat seine Tage bekäme, nicht liegt, das ist ja ganz natürlich! Genauso wenig mögen die Indianer den Salontiroler-Hippie, der mit leeren Händen angeschissen kommt, um die indianischen Weisheiten abzustauben.

Kommen wir zu Ihren schärfsten Gegnern zurück...

Sie meinen, zu den Marxisten?

Nein, wieso?

Nichts, ich wollte Sie nicht unterbrechen!

Das hebe ich mir auf! Aber vorher noch einmal zurück zu den Wissenschaftlern. Da sind Sie mir eine Antwort schuldig geblieben – nämlich: warum ruft Ihr Buch solche kalten Haßreaktionen hervor? Wieso schrecken biedere Wissenschaftler nicht davor zurück, Sie als Neurotiker usw. zu bezeichnen?

Nun, die Antwort bin ich Ihnen nicht schuldig, denn Sie haben mich ja noch gar nicht danach gefragt. Aber ich will sie Ihnen trotzdem geben. Zuvor aber noch eines: Diese Leute glauben natürlich nicht wirklich, was sie sagen. Da hat zum Beispiel ein Landgerichtsdirektor, ein erbitterter Feind der

Parapsychologie, im *Archiv für Kriminologie* geschrieben, daß sich Leute wie ich, die so unsinnige und absurde Fragen stellten, wie beispielsweise ob Hexen fliegen könnten, der Forderung nach psychiatrischer Untersuchung aussetzten. Kein »Geistesgesunder« könne in solchen Fällen von »Forschung« reden. Ich glaube nun nicht, daß dieser Herr mich wirklich für geisteskrank hält – aber diese Verdächtigung ist halt der dickste Hammer, der dem Mann für seine Absichten zur Verfügung steht. Hier, in der Bundesrepublik, macht er sich damit lächerlich, zumindest heute noch, wo wir noch keinen CSU-Bundeskanzler haben. Aber schauen Sie sich die Sowjetunion und andere totalitäre Länder an – da verfährt man ja so gegenüber Dissidenten: wenn einer kein Marxist/ Leninist ist, dann kann er nicht bei Trost sein, dann ist er ein Irrer. Ich halte diese Vorgehensweise übrigens für viel übler als eine Kriminalisierung. Sagt man, jemand sei geisteskrank, dann macht man ihn damit zur »Unperson«, zu einem kläglichen Nichts...

Kann in Ihrem Fall nicht auch schlichter Neid eine Rolle spielen? Nicht jeder Wissenschaftler schreibt ein Buch, das von Zigtausenden gelesen wird. Es heißt, daß Ihr Buch in Zürich als Habilitationsschrift abgelehnt worden ist?

Neid? Ganz sicher! Was glauben Sie, wie gerne diese Leute ihren Namen im *Spiegel* lesen würden. Was Zürich anbetrifft, ja, das ist richtig. Ein Professor dort, der Ordinarius für Ethnologie, hat dermaßen an dem Buch herumgemäkelt, daß mir die Lust auf eine Habilitation dort vergangen ist. Wissen Sie, als ich zur Zeit der Studentenbewegung meinem Doktorvater, dem Hegel- und Fichte-Experten Dieter Henrich, ein grauenhaftes Fremdwörter-Potpourri als Dissertation auf den Tisch gelegt habe, da ist der auch nicht gerade ausgeflippt vor Begeisterung, aber der Mann hatte Stil. Das kann man nicht von jedem dieser Herren behaupten, viele sind einfach kleinkariert. Stellen Sie sich vor – Sie schreiben einen Roman, und man kritisiert Ihre Komma-Fehler...

Und die Studenten?

Ich möchte gerecht bleiben, denn die Studenten waren sehr lieb zu mir. Aber bei den Schweizer Studenten muß ich immer an eine Karikatur von Sempé denken. Da sagt eine junge Frau zur anderen: »Also ich würde ja brennend gerne Feministin werden, aber mein Mann ist dagegen!«

Jetzt unterrichten Sie in Bern?

Ich werde wohl an dieser distinguierten Universität keine Wurzeln schlagen.

Es ist auffallend, daß Sie immer wieder mit den Universitäts-Leuten Schwierigkeiten haben. Provozieren Sie diese Leute nicht ein bißchen zuviel?

Na, die können was vertragen – das sind doch schließlich Beamte mit einer dicken Pension! Aber um auf Ihre Frage zu antworten, die Sie mir vorhin gestellt haben: ich glaube, daß ich einen bestimmten Typus von Universitätswissenschaftlern an einer empfindlichen Stelle getroffen habe. Ich habe es lange Zeit mitangesehen, wie anmaßende und durchschnittlich begabte akademische Denker mit ihren faden Theorien die Studentinnen und Studenten gequält haben – ich meine da nicht nur die sogenannten Bürgerlichen, sondern genauso das linke Establishment, die Kriegsgewinnler der Studentenbewegung, die mir oft viel ekelhafter sind als die normalen Reaktionäre – die linksintellektuellen Deutschen Schäferhunde, die gleich knurren und bellen, wenn mal ein Fremder an ihrem Zwinger vorbeigeht. Na ja, da sitzen also diese Leute an ihren Schreibtischen rum, lesen die Bücher ihrer Kollegen – gut und schön, warum auch nicht? Aber dann beanspruchen sie, die nur eine Weltsekunde überblicken, daß sie die Welt theoretisch im Griff haben. Das ist unglaublich! Ich meine damit nicht, daß ihre Gedanken und Forschungen wertlos sind. Keineswegs. Aber die Theorien, die sich diese Herren ausdenken, sind äußerst beschränkt und hauptsächlich für solche Leute von Interesse, die ein ähnliches Naturell haben. Natürlich kann man die Welt popperianisch sehen oder sohnrethelisch oder starnbergisch oder was weiß ich! Und wenn man die Welt so sieht, dann wird man vermutlich Zusammenhänge

Ich würd' ja gern der Frauenbefreiungs-bewegung beitreten, aber mein Mann ist dagegen...

erkennen, die einem unter anderen Perspektiven verschlossen bleiben. Gut. Aber was wird ein solcher Beamter von dem wissen, was ein nachtfahrendes Weib im Mittelalter wußte? Oder ein Schamane in der Steinigen Tunguska? Oder eine Nutte auf der Sixth Avenue? Ich will all diese Menschen nicht über Gebühr hochstilisieren, aber von dieser Nutte und ihrer Lebenserfahrung könnten unsere Marx-Adepten und Professoren unendlich viel lernen – aber sie werden in ihrer Blindheit glauben, daß eine solche Frau intellektuell weit unter ihnen steht. In meinem Buch »Traumzeit« habe ich nun versucht zu zeigen, daß es unendlich viel mehr zu wissen gibt als das, was uns diese Philosophen und Wissenschaftler zu bieten haben. Aber um diese Dinge zu erfahren, da darf man nicht mit seinem Hintern und seinem Gemüt im Soziologischen Seminar sitzen bleiben. Um fliegen zu lernen, muß man dorthin, wo eine rauhere Luft weht! Aber welcher Professor will das schon? Ich habe nun die Leute in meinem Buch ganz lieb dazu aufgefordert, wenigstens mal einen kleinen Hopser zu riskieren, und da haben sie gleich Gesichter gemacht, als hätte ich ihnen Porno-Bilder gezeigt...

Sie sagen, daß man nach »draußen« muß?

Ja, aber ich möchte das qualifizieren: »Man laufft nit mit den Fussen aus der Welt« hat vor vierhundert Jahren der Sebastian Franck gesagt. Schaun Sie, der Werner Müller ist dafür ein gutes Beispiel. Ich behaupte, daß es in Europa niemanden gibt, der die Indianer besser verstanden hat als der alte Oberbibliotheksrat Werner Müller in Tübingen, ein Mann, der *nie* Feldforschungen bei Indianern durchgeführt hat. Wie ist das möglich, werden Sie fragen. Nun, der Werner Müller, ein Romantiker wie er im Buche steht – und Sie können sich denken, daß ich das Wort »Romantiker« mit anderer Wertschätzung gebrauche als branchenüblich – sieht eben die Indianer mit seinem »inneren Auge«, oder genauer gesagt, er *hat* eben ein »inneres Auge«, *tschante ischta*, ein »Auge des Herzens«, wie die Sioux sagen. Das wird Ihnen vielleicht alles sehr mystisch vorkommen, aber das wird daran liegen, daß es mystisch *ist* –

verstehen Sie, was ich meine?

Können Sie das nicht anders ausdrücken?

Können schon, aber ich will nicht. Warum soll eigentlich *ich* immer den ersten Schritt machen, warum soll *ich* Worte, die jeder dritte Penner am Hauptbahnhof versteht – und Sie dürfen sicher sein, daß ich die Penner nicht nur aus der Literatur kenne –, warum soll ich diese Worte immer gleich in akademisches Kauderwelsch übersetzen? Na ja, ich wollte nur sagen, daß ich davon überzeugt bin, daß ein Mann wie Johannes vom Kreuz, der die »dunkle Nacht der Seele« durchgemacht hat, sich ohne Schwierigkeiten hätte verständigen können mit den visionssuchenden Plains-Indianern, den Sioux, den Cheyenne, den Kiowa. Das können viele nicht verstehen. Warum? Heute, oder genauer gesagt gestern, hat man den historischen und den gesellschaftlichen »Kontext« entdeckt, in verschiedenen Variationen: funktionalistisch, marxistisch, strukturalistisch und was es sonst noch so geben mag. Dahinter steht die uralte Einsicht Spinozas: *omnis determinatio est negatio.* Zu deutsch: etwas ist, was es ist, nicht durch sich selber, *eo ipso,* sondern durch sein geschichtliches und gesellschaftliches Umfeld. Na ja, gut, das ist ja nun auch nicht mehr gerade taufrisch, diese Erkenntnis, aber wie dem auch sei – die Gefahren dieser Perspektive sind nur wenigen bewußt. Wenn man nämlich konsequent diese Perspektive einnimmt, dann versteht man überhaupt nichts mehr – denn Verstehen und Erkenntnis bedeutet: *absehen* vom Akzidentiellen, vom Variablen, von der Verpackung. Das ist das, was der alte Plato im Sinne hatte mit seiner Lehre davon, daß die einen mehr, die anderen weniger von der Lethe gesoffen haben, dem Strom des Vergessens: die weniger Trinkfreudigen können sich besser erinnern an das, was sich ewig gleichbleibt, trotz oder gerade wegen der variierenden Verpackung. Aber eine *solche* Perspektive ist heute nicht modisch, man findet sie vielleicht noch in wenig populärer Gestalt bei den Religionsphänomenologen, bei Leuten wie Eliade, oder in Filmen wie Cocteaus *Orphée,* überhaupt, es ist eigentlich eine *mythische* Perspektive. Aber wer von den Damen und Herren, die sich heute mit den mythologischen Transformationen oder dem sozialen oder ökonomischen Kontext der Mythen beschäftigen, weiß noch, was ein Mythos ist?

Sie erwähnten den Indianerforscher Werner Müller...

Wissen Sie, die deutsche Ethnologie hatte nach dem Kriege nicht gerade ihre Sternstunde. Nun ist es ja häufig so, daß eine Wissenschaft, die von sich aus nichts zu bieten hat, sich an anderen Wissenschaften orientiert, die ein größeres Renommee haben – in diesem Falle waren es nacheinander die Soziologie, die Linguistik, dann gab es ein ödes Interregnum, in dem viele jüngere Leute sich selber und andere mit langweiligen partei-chinesischen Abhandlungen über die »asiatische Produktionsweise« gequält haben – das ist jetzt alles einige Zeit her. Einer der ganz wenigen, die diesen Zeitströmungen entgegengetreten sind, war Werner Müller, ein Mann abseits der offiziellen Ethnologen-Szene und respektiert wegen seiner Bücher über die nordamerikanischen Indianer. Aber seine Polemiken hatten überhaupt keine Wirkung, denn die eine Hälfte der Ethnologen war ohnehin nicht an weltanschaulichen Auseinandersetzungen interessiert, und die andere Hälfte streckte sich nach der Decke, nach amerikanischem Import, etwa der »ethnoscience« und der Verwandtschaftsethnologie, einer trostlosen Mischung aus Sterilität und Exaktheit – eigentlich ein Hohn gerade in der Ethnologie, einer Wissenschaft, die die einmalige Chance hat, von fremden Völkern andere Denkweisen und Wahrnehmungsweisen der Wirklichkeit zu lernen! Und gerade hier macht sich eine stumpfsinnige Scholastik, etwa die »Verwandtschaftsethnologie« breit, so nach dem Motto »Und wenn's auch Unsinn ist, so hat es doch Methode«. Na ja, ich wollte nur sagen, daß es Romantiker wie Werner Müller waren, die als einzige die Annahme dieser theoretischen Care-Pakete verweigert haben und die heute von Teilen der subkulturellen Jugend wiederentdeckt werden.

Sie werden heute als einer der Hauptrepräsentanten einer

»romantischen Wissenschaft« genannt...

Wenn so viele Leute das sagen, dann wird wohl etwas dran sein!

Was wollen Sie mit Ihrem Buch »Traumzeit« sagen?

Ich verstehe – ganz offen gesprochen – Ihre Frage nicht! Was wollen Sie? Ich habe mich in der »Traumzeit« auf über 400 Seiten abgestrampelt, hab' alles, oder sagen wir: einiges von dem, was ich zu sagen hatte, niedergeschrieben, auf deutsch, in gehobener Umgangssprache, und jetzt wollen Sie von mir einen *Satz* – als ob so ein Satz eine größere Evidenz haben könnte als der Roman selber. Das erinnert mich an das letzte Seminar, das ich in Zürich gemacht hab'. Da haben wir ein Märchen aus Tausendundeiner Nacht gelesen, »Hasan und die Prinzessin von den Inseln Wâk«. In diesem Märchen wird eine Orchidee nach der anderen entfaltet, duftende Blüten, zu deren Anblick man eigentlich eine Wasserpfeife rauchen müßte. Aber viele Studenten haben nur gefragt: Worauf will die ganze Geschichte mit dem Hasan und seiner Uschi hinaus? Sie erinnern sich vielleicht an die Frage der Deutsch-Lehrer im Gymnasium: »Was will der Dichter eigentlich sagen?« Unter den Philosophen hat insbesondere Wittgenstein eine solche Attitüde völlig abgelehnt, er hat keine »abstracts« oder Zusammenfassungen seiner Philosophie geliefert, sondern er hat *philosophiert,* und zwar anhand von Stühlen, Bäumen und Bauchweh. Wenn Sie ihm mit habermarxistischen Sätzen gekommen wären, ich denke so an: »Kritisch-emanzipatorische Selbstreflexion verweigert sich der Eindimensionalität und Ahistorizität positivistisch-analytischer Wissenschaftstheorie, die den gesellschaftlich vermittelten Konstitutionsprozessen von Subjektivität usw....«, hätte er Sie bestimmt vor die Tür gesetzt. Warum? Weil dieses geschwollene Imponiergerede alles Denken, Fühlen und Erkennen kaputtmacht, gerade weil es nur den *Eindruck,* den *Schein* hervorruft, da sei ein besonderer Durchblicker am Werke. Ich möchte hier nicht über Habermas herziehen, denn ich habe heute angesichts derjenigen, die den Konkurs seiner Philosophie verkünden, ein geradezu nostalgisches Verhältnis zu ihm, aber gerade Habermas hat mit seiner Sprache – einer merkwürdigen Mischung aus Affektlosigkeit, Affektiertheit und einem »Immer-schon-durchgeblickt-haben« zur Entstehung der Sprache des linksliberalen Klugscheißers beigetragen, der alles, was ihm unter die Finger kommt, »je schon« verstanden und eingeordnet hat. Verstehen Sie – deshalb bin ich ein bissel allergisch gegen »Zusammenfassungen«, denn was dabei herauskommt, ist eben oft nur ein Satz...

Vom Syndikat-Verlag, der Ihre »Traumzeit« verlegt hat, erfährt man, daß jeder zweite Leser des Buches nicht aus dem Universitäts-Milieu, sondern aus der Alternativ-Szene stammt...

Vielleicht, vielleicht auch nicht – woher will der Syndikat-Verlag das wissen? Ich glaube eher, daß das lediglich eine Vermutung ist. Eines kann ich mir natürlich denken: nach dem Zusammenbruch der politischen Erwartungen im Stil der späten sechziger Jahre ist in der Alternativ-Szene offenkundig die bürgerlich-marxistische Fortschrittsideologie lädiert worden, die à la Rousseau besagt, daß der private Mensch nur als *gesellschaftlicher* Mensch »zu seinem Wesen« kommen könne, also weder als Wilder noch als Bourgeois, sondern als Citoyen – das ist ja auch genau das Modell, an dem sich Marx orientiert hat. Na ja, der Citoyen hat auf sich warten lassen – viele haben viel Energie in »politische Arbeit« – so heißt das ja – reingepulvert, aber sie selber sind dabei auf der Strecke geblieben, im Extremfall mit 'nem Stückchen Blei in der Birne. Nun gibt es natürlich auch andere Modelle als das »Politmodell« des Citoyen, die hierzulande in Mitteleuropa im Zuge der Entwicklung der industriellen Zivilisation auf dem Misthaufen der Geschichte gelandet sind und die deshalb heute von fremden Kulturen, insbesondere aus Indien ausgeliehen werden. Nach diesen Ideologien geht einem im ewigen Spiel der Welt, ganz egal wie diese Welt aussieht, das eigene Wesen, die eigene Identität, immer in die Binsen, sobald man sich an die Welt *veräußert*, sei es in seiner Arbeit, im Denken, in der Liebe, im Spiel. Es geht vielmehr darum, von der Welt *zurückzutreten,* sich außerhalb des Kreislaufs der Dinge, der Geschichte, der Zeit zu stellen, es geht nach dieser Ideologie darum, die Dinge *sub specie aeternitatis,* im Schatten der Ewigkeit zu sehen. Wenn man die Welt *so* sieht, wird sie natürlich entschärft, die Spannungen des Lebens lassen nach – was immer passiert, man sieht es mit der »Weisheit des lächelnden Lebens«. Kennen Sie die Photos des lächelnden Bhagwan Shree Rajneesh? Dann wissen Sie genau, was ich meine. Auch der Schuß des Fixers ist etwas ähnliches, denn das Heroin erzeugt auch diese göttliche Indifferenz dem ewigen Werden und Vergehen gegenüber, natürlich nur so lange, wie Sie drauf sind. Hier möchte ich sogar mal, wenn es Ihnen nichts ausmacht, das berühmte Marx-Zitat von der Religion als dem Opium des Volkes anbringen, denn *hier* scheint's wirklich mal zu passen. Auch der Zen-Buddhismus der fünfziger Jahre und sein Einfluß auf Leute wie Allan Watts, Gary Snyder, Kerouac gehört hierher oder der Typus des Don Juan, des indianischen »Kriegers«, wie ihn Carlos Castañeda schildert: auch Don Juan, der »einsame Vogel«, von dem Johannes vom Kreuz spricht, ist ja *inmitten* der Welt der Welt *enthoben* – *ihm* kann nichts mehr passieren, weil ihm alles schon passiert ist, und durch fünf Bände hindurch lacht er immer wieder den amerikanischen College-Trottel Castañeda aus, der noch nicht *sieht,* der noch »drinnen« ist, im Clinch mit den Verhältnissen der Welt. Mir ist dieses Lachen des Don Juan, wie auch das ewige Lächeln des Buddha, mit der Zeit enorm auf die Nerven gegangen – weil es *gegen* das Leben gerichtet ist. Castañeda hätte seinen Don Juan auch vor Angst mal in die Hose pinkeln lassen müssen, anstatt uns mit einem Super-Guru zu leimen, der auch dann noch lachen würde, wenn sein Enkelkind in 'ne Betonmischmaschine fallen würde. Na ja, ich komme jetzt zu weit ab, ich wollte nur sagen, daß ich in der »Traumzeit« ja auch so etwas geschildert habe, einen »Ort« außerhalb der Zeit, das, was man auch »Ursprung« im Gegensatz zum »Anfang« nennen könnte – und *das* paßt natürlich haarscharf in die Zeitströmung!

Aber bei der Lektüre Ihres Buches erfährt man doch etwas anderes als bei Bhagwan oder bei Castañeda?

Es gibt Leute, die sagen, ich propagierte in der »Traumzeit« so 'ne Art »Ursprungsmetaphysik« als Gegenmittel zur analytischen und instrumentellen Vernunft unserer Tage. Ich bin versucht zu sagen, daß es sich bei diesen Leuten um die »Analphabeten« handelt, mit denen vorzugsweise Paul Feyerabend sich beschäftigt. Ich habe nämlich in der »Traumzeit« einen ganz anderen Typus, wenn man so will »entworfen«, den Typus des *Schamanen*, der die Welt verläßt, *um zu ihr zurückzukommen*, der dem Tod *um des Lebens willen* in die Augen sieht. Für diesen Typus habe ich das Bild der *hagazussa*, der Hexe, die auf der Hecke sitzt, der Schnittstelle der Welten, benutzt. Philosophen, die mehr das Abstrakte lieben, würden vielleicht sagen, daß diese Dame eine frühe Form von Dialektik ausgeheckt hat, also die *Vermittlung* von »drinnen« und »draußen«, aber ich habe diese Dinge mittlerweile schon so oft gesagt, daß ich jetzt wirklich nichts mehr dazu sagen möchte!

Martin Lüdke hat geschrieben, daß es in Ihrem Buch elitäre Züge gebe, daß Sie so quasi sagten: »Laßt doch die Strickjakkenträger, sie wollen's ja nicht anders!«

Elitäre Züge? Na ja, es kommt darauf an, was man genau unter »elitär« versteht, aber vielleicht hat da der Lüdke gar nicht so unrecht. Wie dem auch sei, ich halte es eben für unwürdig, mit meinen Gedanken hausieren zu gehen, vielleicht auch brav die wissenschaftlichen Fußnoten weglassen* und die treue soziale Einstellung unter Beweis stellen mit der Haltung: »Lieber Milchmann, lieber Freak, lieber Punker, die böse Gelehrten-Scheiße ist draußen, jetzt könnt auch *ihr* euch das Werk zu Gemüte führen!« Aber wissen Sie, so ganz langsam kommt mir die Sache richtig ulkig vor: ein Außenseiter schreibt ein Buch, kriegt vom Establishment eins auf die

---

* Hier habe ich den Mund zu voll genommen: drei Jahre später ist die Taschenbuchausgabe der »Traumzeit« mit spärlichen Fußnoten erschienen.

Rübe, hat Schwierigkeiten, eine Stelle zu kriegen, und da heißt es plötzlich, er sei »elitär«, weil er der Strickjackenwissenschaft nicht *noch* mehr den Weg ebnet. Irgendwas stimmt doch da nicht! Ich hab' sehr viele Zuschriften von ganz einfachen Leuten gekriegt, die mein Buch gelesen haben. Die haben zwar teilweise mit Recht geklagt, daß die fremdsprachigen Zitate nicht übersetzt wurden, aber kein Mensch hat mir vorgeworfen, ich sei »elitär«. Dieser Vorwurf kommt nur von einigen Universitätswissenschaftlern – und das ist ja auch sonnenklar, weil ich halt *deren* Kompetenz und Wichtigkeit in Frage gestellt habe.

Wie läuft im allgemeinen die wissenschaftliche Argumentation?

Es gibt da verschiedene Strategien. Beliebt ist das Argument, daß das Fremde, das »ganz andere«, das Irrationale im Grunde gar nicht fremd sei, sondern ganz leicht erklärbar mit dem wissenschaftlichen Kinderspielzeug, das an den Universitäten verteilt wird. Oder sie sagen, daß sie dieses Fremde gar nicht interessiere, daß es für ihre »Problemstellungen« »irrelevant« sei. Es gab mal so vor zwanzig Jahren einen deutschen Schlager, der hieß »Es gibt kein Bier auf Hawaii, drum fahr' ich auch nicht hin«. Oder man hält denjenigen, der auf das Fremde hinweist, für einen unerzogenen Menschen, so wie einen, der in einer guten Gesellschaft rülpst. Die *Zeit* beispielsweise, genauer gesagt der Kunstkritiker Hans Platschek, hielt die gesamte *Fragestellung* der »Traumzeit« für irrational – bedenken Sie einmal, was das heißt!

Sie haben das ja schon in Ihrem Buch beschrieben. Eine bessere Bestätigung hätten Sie kaum erwarten können?

Ich habe diese Leute allerdings für etwas stilvoller gehalten. Aber ich glaube, ich war zu oft im Kino und habe wenigstens in diesem Punkt den Kontakt mit der Wirklichkeit verloren. Ich denke allerdings, daß die Entwicklung folgendermaßen vor sich gehen wird: Irgend jemand hat einmal gesagt: eine neue Sichtweise wird zuerst ignoriert, dann wird sie bekämpft, und schließlich behaupten diejenigen, die diese Idee bekämpft haben, daß sie deren eigentliche Erfinder waren.

Wir wollten noch über die Marxisten reden, die Ihnen ja stets feindlich gesonnen waren...

Ich möchte nicht arrogant erscheinen, aber die Marxisten tun mir mittlerweile fast leid. Da haben sie sich abgestrampelt, um eine bügelfeste Weltanschauung hinzukriegen, haben auf alles und jedes ihre kindlichen Klischees geklatscht, und jetzt, wo sie alles so schön beisammen haben, nimmt sie kein Mensch mehr zur Kenntnis. Die konkurrenzlos dümmste Rezension meines Buches ist in der marxistischen Zeitschrift *Das Argument* erschienen.* Da werde ich auf originelle Weise als Reaktionär entlarvt, und die Jugend wird vor dem Buch gewarnt. Diese Seminarmarxisten müssen die Leute wirklich für blöd halten – sie denken, daß jeder ihr niveauvolles Organ braucht, damit er nicht in den Tümpel fällt oder ideologischen Rattenfängern nachläuft.

Sie haben einmal gesagt, der Marxismus habe sich inzwischen herumgesprochen.

Was die marxistische *Ethnologie* hierzulande anbetrifft, so ist das einzige, was man über sie sagen kann, daß es sie nicht gibt. Oder genauer gesagt: sie führt ein Kümmerdasein durch die Füllfederhalter einiger drittklassiger Ethnologen, die mit Recht niemand zur Kenntnis nimmt und die keinen Vergleich aushalten mit Leuten wie Godelier oder Meillassoux, also Leuten, von denen Pierre Clastres gesagt hat, sie seien im Vergleich mit Gestalten wie Lévi-Strauss blinde Taschenmäuse. Die marxistische Wissenschaftsgeschichte oder *Philosophie* ist etwas weniger primitiv, aber das, was z. B. im Anschluß an Sohn-Rethel gemacht wird, ist eine öde Scholastik, die kaum einen Hund hinterm Ofen hervorlockt: völlig abstrakt, nach Art der tibetischen Gebetsmühlen werden andauernd programmatische »Om mani padme hums« runtergeleiert, aber

* Nicht *ganz* konkurrenzlos. Vgl. z. B. U. Enzensberger: »Schau dir die Wildbeuter an. Sie säen nicht, sie ernten nicht...«, *Süddeutsche Zeitung*. 19./20. Januar 1980 oder H. Geyer-Ryan: »Jargon der Leiblichkeit/Jargon der Weiblichkeit. Wissenschaft als Ich-Erfahrung«, *Basis. Jahrbuch für deutsche Gegenwartsliteratur*, ed. R. Grimm/J. Hermand, Bd. 10, 1980 (Nachtrag 1980).

es geschieht *nichts*. Warum geschieht nichts, werden Sie fragen. Es geschieht nichts, weil eine *wirkliche* materialistische Analyse ungeheuer schwierig ist und Kenntnisse voraussetzt, von denen diese Marxologen keine Ahnung haben. Ich kenne keine marxistische Analyse, die nicht parodistische Züge hätte, vergleichbar der Kautskys, der ja bekanntlich die Reformation durch eine Baisse im englischen Wollhandel erklärte. Die Marxisten wissen nichts *wirklich* über die Geschichte oder über fremde Völker, und im Gegensatz zu Habermas reden sie nicht einmal klug daher. Sie wissen nichts, weil ihnen die Liebe zu den Menschen vergangener Epochen und anderer Kulturen fehlt – das sehen Sie schon an ihren versteinerten Gesichtern, wenn sie anfangen zu reden. Was sie schreiben, ist meistens theoretisch aufgemotztes Larifari, mit dem künftige Parteigänger eingeschüchtert werden sollen. Ich habe unter meinen Studenten unzählige Leute getroffen, die mir sagten, daß die marxistische Wissenschaft für sie wie ein ideologischer Archipel Gulag war, der alles Leben, alle Freude in ihnen erstickt hat, und daß sie sich vorkämen, wie wenn sie einem Gefängnis entronnen seien – insbesondere junge Frauen haben mir die Sache in solchen Worten geschildert. Das liegt natürlich auch daran, daß der Marxismus hierzulande nicht mehr von originellen, unabhängigen Köpfen vertreten wird, sondern von faden Langweilern, die längst ihre Uni-Stellen ergattert haben, also von einem drittklassigen linken Establishment. Der Marxismus ist heute keine geistige Waffe mehr, er ist eine abgestandene Allerweltsideologie geworden...

Sie werden in der Presse als Anarchist bezeichnet – wer sind Ihre geistigen Ziehväter?

Ich würde zwar genauso gern über die Mütter sprechen, aber wenn Sie mich nach den Vätern fragen – na ja, von den Toten, da könnte ich vielleicht Nietzsche nennen und Wittgenstein, von den Lebenden Paul Feyerabend, Sempé und den Fußballtrainer Max Merkel...

Foucault?

Nein, eher Loriot.

Sie haben einmal gesagt, daß Foucault Sie beeinflußt habe...

Na ja, ich habe schon vieles einfach so dahingeschrieben oder dahingesagt, in der Zeit, als ich noch nicht wußte, daß eines Tages jeder zweite Seufzer auf die Goldwaage gelegt würde. Was Foucault betrifft – ich habe seinen Stil noch nie leiden können, und ich kann mich nicht daran erinnern, daß die Inhalte mich jemals in Erregung versetzt hätten... Aber vielleicht täusche ich mich auch.

Und Ihre Beziehung zum Anarchismus – geht die auf Feyerabend zurück?

Lassen Sie sich bei Feyerabend nicht durch die schwarze Flagge täuschen! Das ist die Piratenflagge, nicht die anarchistische. Feyerabends Kenntnisse des Anarchismus unterscheiden sich nicht wesentlich von den Anarchismus-Kenntnissen des *Bayernkuriers*. Anders kann ich es mir nicht erklären, warum er sich auf der Titelseite von *Against Method* vom politischen Anarchismus distanziert hat mit dem Hinweis, er sei gegen das Bombenwerfen oder so ähnlich. Was den Anarchismus anbetrifft, da ist Feyerabend historischer Analphabet.

Zum Schluß möchte ich Sie noch etwas zu einem anderen Thema fragen. Man könnte Ihnen den Vorwurf machen, daß Sie in Ihrem letzten Buch ein Bild von den sogenannten Primitiven und den archaischen Völkern entwerfen, wie es heute nicht mehr aktuell ist...

...weil wir das unsrige dazu getan haben, daß es nicht mehr aktuell *ist!*

Nun gut, aber Tatsache ist, daß ein Buch wie »Traumzeit« romantische Tendenzen ermutigen könnte...

Das würde mich freuen.

Ich will es etwas anders formulieren. Man könnte Ihnen vorwerfen...

Sie könnten es nicht nur, Sie tun es ja bereits!

...daß Sie den Menschen eine heile Welt vor Augen führen,

die nicht mehr existiert, und daß Sie deshalb zur Verschleierung der heutigen Zustände beitragen. Sollte ein Ethnologe wie Sie nicht eher auf die Zerstörung der fremden Kulturen durch unsere westliche Kultur, durch den Kapitalismus hinweisen, so, wie es beispielsweise die »Gesellschaft für bedrohte Völker« tut?

Sie fragen mich, ob so etwas nicht wichtiger wäre?

Ja, sind es nicht solche Informationen, die wir benötigen?

Schaun Sie, die Tätigkeit eines Bundeskanzlers ist sicher wichtiger als die einer Brezelverkäuferin. Sollten wir deshalb von jeder Brezelverkäuferin verlangen, daß sie ihre Brezeln liegen läßt und statt dessen Vorträge über Außenpolitik hält?

Aber das kann man doch nicht miteinander vergleichen!

Wenn Sie damit meinen, daß ich keine Brezeln verkaufe, dann gebe ich Ihnen recht!

Der Unterschied ist der, daß das, was Sie schreiben, für viele richtungweisend ist und daß Sie deswegen eine Verantwortung dafür haben, daß junge Leute nicht noch weitergehend entpolitisiert werden!

Also erstens, ich bin kein Verkehrsschild! Wenn die Leute mich nötig hätten als einen, der ihnen sagt, wie sie am schnellsten nach Heilbronn kommen, dann täten sie mir leid. Das wäre mir auch zu anstrengend – ich möchte nicht wie Iring Fetscher oder Walter Jens von einer Sportschau im Fernsehen zur anderen eilen. »Man muß aufhören, sich essen zu lassen, wenn man am besten schmeckt«, sagt Nietzsche. Zum zweiten: es ist noch lange nicht ausgemacht, wer die Leute mehr entpolitisiert, der, der jeden Tag zehn antikapitalistische und antiimperialistische Flugblätter vor der Mensa verteilt, oder ich, der überhaupt keine verteilt. Aber davon abgesehen meine ich folgendes: Ich habe eine große Hochachtung vor Leuten wie Karl Schlesier in Kansas, der beispielsweise die Cheyenne-Indianer vor Gericht vertritt, weil sie das so wollen, oder vor einem Mann wie Vine Deloria, der vom Standpunkt gewisser Indianer über unsere Zivilisation schreibt. Ich habe gleichermaßen Respekt vor dem, was die »Gesellschaft für bedrohte Völker« bisher gemacht hat. Aber die Tatsache, daß ich all das respektiere, bedeutet nicht, daß ich deshalb das gleiche tun muß. Drittens: Wenn ich über das schreibe, was einmal war, dann schreibe ich doch gleichzeitig über das, was sein sollte. Ist das so schwer einzusehen? Wir müssen doch wissen, *was* da zerstört wurde! Stellen Sie sich einen Menschen vor, der unter der Lieblosigkeit unserer Welt leidet und der dagegen kämpft. Muß der nicht wissen, für was er kämpft? Und da möchte ich mal, wenn Sie gestatten, Mao Tse-tung paraphrasieren: Wenn du wissen willst, was Liebe ist, nimm teil an der Liebe. In unserem Fall: wenn du wissen willst, was da im Begriffe ist, verlorenzugehen, dann mußt du halt mal »fliegen lernen«. Haben Sie sich mal überlegt, was diese linken Mieslinge mit ihren verkniffenen Theorien, was die alles kaputtgemacht haben? Die reden solange vom Kampf, bis man überhaupt nicht mehr weiß, *wofür* man kämpfen soll! Und dann noch eines: mancher von den Möchtegern-Indianern, mit oder ohne Stirnband, die wissen gar nicht, wie europäisch und wie christlich sie sind, die würden es den Indianern am liebsten abnehmen und für sie kämpfen, so tief steckt noch das Wort des Herrn in ihnen. Und wenn ich schon mal so böse bin und weiter übertreiben darf, dann noch eines: es gibt mannigfaltige Arten der Ausbeutung, es gibt die rohe, wirtschaftliche, es gibt die ideologische. Die Indianer bluten heute, so scheint es mir, zusätzlich auf neue Weise. Die Väter haben's so gemacht, die Söhne so. Die Väter wollten das Land, und die schicken Subkultursöhne wollen die Ideologie, Mother Earth, howg! Um wieder von jemandem eine Formulierung zu übernehmen, diesmal von dem Philosophen Derrida: es gehört zur Tragik der Indianer, daß ihre lautstärksten Verteidiger ihre schlimmsten Verräter sind!

Ist das nicht einseitig und ungerecht? Was haben Sie dagegen, wenn sich die Jugend zum Sprecher der Indianer macht?

Was ich dagegen habe? Ich werde es Ihnen exakt sagen: Vor drei Jahren kam beim Trikont-Verlag ein Buch des Halbindianers Vine Deloria heraus. Die deutsche Ausgabe hieß: *Nur*

Stämme werden überleben. Aber die englische Ausgabe hieß ganz anders. Sie hieß: *We talk, you listen!*

Interview: Ina van de Kerkhof

Schau durch das Klatschen
einer einzigen Hand hindurch

Ein Interview (1981)

Du hast kürzlich das Buch »Der Wissenschaftler und das Irrationale« herausgegeben. Wie schon deine »Traumzeit« findet es großes Interesse. Ist dieses Interesse ein Symptom für den Überdruß an den herrschenden Verhältnissen, für die wachsende Ablehnung der wissenschaftlich-rationalen Weltsicht? Ist das ein Zeichen dafür, daß die Skepsis gegenüber der modernen Industriewelt, gegenüber der Wissenschaft und ihrem Rationalismus unermeßlich groß geworden ist? Daß die Hoffnung in die Zukunft und das Vertrauen auf die Technik, die noch vor kurzem grenzenlos waren, heute zerfallen?

Ja, in der Tat, der Traum ist ausgeträumt. Innerhalb der letzten Jahrzehnte hat man uns die Rechnung für den »Prozeß der Zivilisation« präsentiert, nicht nur die Rechnung für den Kapitalismus, sondern die Rechnung für den Aufbau der westlichen Industriegesellschaft: die Natur versaut, die Meere verseucht, die äußere und die innere »Umwelt« durch eine immer synthetischer werdende Welt, eine Welt aus zweiter Hand, ersetzt, billig, lügnerisch, verkitscht – selbst die Träume, die Sehnsüchte sind entzaubert, denn das ist die große bürgerliche Illusion: daß das »Drinnen«, die Seele, die Zerstörung des »Draußen« überlebt…

Daher das Bedürfnis nach Einfachheit, Natürlichkeit, Echtheit?

Ich habe vieles an der Evolutionstheorie von Norbert Elias auszusetzen, aber ich glaube, daß er sehr gut beschrieben hat, wie im Verlaufe der Entwicklung der westlichen Zivilisation die *Erfahrung* zunehmend nach innen gerutscht ist, ins Vorstellen, schließlich ins Denken, und damit verbunden die Panzerung, die Abschließung des Ich gegenüber der Welt: plötzlich wird es zum philosophischen Problem, wie ich aus mir selber »herauskomme«, zu den Dingen, zur Welt, wie ich den

Panzer sprengen kann, um zu anderen Menschen zu gelangen, denn Sicherheit gibt es anscheinend nur noch *im* Panzer, im cartesischen Ich oder im festen *Glauben*, wie bei Teresa von Avila. Überhaupt läßt sich das, so denke ich, ganz gut an der Entwicklung der Religion zeigen: der archaische Schamane *glaubt* nicht an die Geister, er *sieht* sie, mehr noch, er hat mit ihnen Umgang, und er reist mit ihnen in andere Welten. Dieser Umgang reißt immer mehr ab, die *Erfahrung* verdünnt sich zur Vorstellung, zum Glauben im Sinne von »Vertrauen auf«, der Priester liest schließlich das Wort Gottes aus Büchern vor, er hat ein Wissen aus zweiter Hand. Der Mystiker ist die Opposition zum Priester, er hat das, was heute, zur Charakterisierung der Jugend der 70er Jahre, *Erfahrungshunger* genannt wurde, er will keine synthetische Ersatz-Welt, er will keine *Worte* oder *Buchstaben* über Gott, er will *Gott.* Man kann hier auch mit Mircea Eliade von der »Sehnsucht nach dem Ursprung« reden. Der Mystiker ist gewissermaßen die Wiederkehr des im Verlaufe des Geschichtsprozesses verdrängten Schamanen. Und die Hexe ist sozusagen die noch sinnesfreudigere Mystikerin: die Mystikerin macht necking, die Hexe petting...

Du meinst, daß gerade heute wieder der Schamane gegen den Priester rebelliert?

Mit dem Unterschied, daß heute, wie mir scheint, die »Ersatz-Welt« ungeheuer angeschwollen ist, du verfängst dich viel leichter im Netz der Ideologien- und Illusionsindustrie, die auf den Erfahrungs- und Echtheitskonsumenten lauert, teilweise mit raffiniertem Angebot.

Wenn ich dich richtig verstehe, meinst du in deinem eigenen Beitrag zu »Der Wissenschaftler und das Irrationale«, daß zum Beispiel Bhagwan oder Castañeda solche Illusionsproduzenten sind?

Ich habe mich in meinem Beitrag vielleicht gegenüber Bhagwan und Castañeda etwas zu polemisch ausgedrückt, und ich bin in diesem Punkt auch schon mit einigem Recht kritisiert worden. Ich meine das so: schau dir die traditionelle indische

Gesellschaft an, eine starre Kastengesellschaft, in der du keine Möglichkeit hast, von dem dir vorgezeichneten Weg abzuweichen, es sei denn, du wirst ein Heiliger, ein Entsager, ein Samnyasin. Dieser Weg, der offenbleibt, ist sozusagen das Sicherheitsventil einer solchen Gesellschaft, ähnlich wie bei anderen Völkern die Besessenheitsrituale, in denen man oft, wie bei den Dionysos-Orgien im alten Griechenland oder im Voodoo, im Tsar, im Candomblé und Macumba, Unterprivilegierte, Frauen, Sklaven usw. findet, also Leute, die dort das tun können, was ihnen im Alltag versagt bleibt. Auch die heiligen Narren der Pueblo-Indianer, die dich anpissen oder mit Obszönitäten überhäufen, oder die sogenannten Contraries der Cheyenne gehören hierher, natürlich auch die Narrenfeste des späten Mittelalters und ähnliches. Nun gut, die Inder haben diesen Samnyasin, der von der Welt zurücktritt, weil ihm die Welt als ewige Wiederkehr von Leiden vorkommt, und auch die Freuden, die Lust und das Glück taugen nicht, weil sie nicht ewig sind, nicht ewig sein können, sondern nur die Vorbedingung für neues Leiden. Im Gegensatz zum heiligen Narren der Indianer läßt nun der Samnyasin nicht die Sau raus, sondern er tötet die Sau ab, er will weder die Sau noch ihr Gegenteil, er will endgültig frei sein von allen Sauereien und Nicht-Sauereien der Welt...

Und Bhagwan...

Bhagwan hat diese hinduistische Tradition mit allerlei Einsprengseln für den Westler, der zwar nicht in einer starren Kastengesellschaft lebt, der sich aber ebenfalls machtlos einem ehernen Geschichtsprozeß der Zivilisation ausgeliefert sieht, der alles durchprobiert hat, einschließlich des Marxismus, Bhagwan hat diesem Resignierten, insbesondere dem Intellektuellen, diese Tradition aufbereitet. Er will ihm keine neue Ideologie, keine neue Tradition liefern, denn all diese Ideologien hängen ja dem, der nach Poona oder wer weiß wohin jetzt kommt, zum Halse heraus. Er will ihn frei werden lassen von *allen* Ideologien, von allem Denken, aller Reflexion, von gut und böse, von heiß und kalt. Er lehrt ihn, wie er sagt, den »spirituellen Selbstmord«. Der traditionelle Samnyasin hatte seine Familie verlassen, hatte dann aufgehört zu essen, zu trinken, zu fühlen, zu denken und hatte auf diese Weise *moksha* erlangt, Befreiung, und die ganz Radikalen sind irgendwo am Wegrand vertrocknet. Bhagwan lehrt diesen Selbstmord in modernisierter Variante, nämlich spirituell: werdet frei *von* allem und damit frei *zu* allem. Das heißt vor allem: werdet intellektuell und emotional frei – dann könnt ihr tun, was ihr wollt, denn für den Weisen ist alles gleich…

Die perfekte Entlastungsideologie…

Ja, aber ich würde das nicht unbedingt negativ sehen. Ich kann mir Situationen vorstellen, in denen dieser Weg der Weltverneinung die sinnvollste Problemlösung darstellt, ähnlich dem biologischen Totstellreflex in extremen Krisensituationen: dieser Totstellreflex kann ja eine sehr erfolgreiche Überlebensstrategie sein, die eben auch von vielen Schizophrenen in den verschiedenen Formen von Depersonalisation eingeschlagen wird. Sie sterben ab, um leben zu können! Der *jivanmukti* ist der im Leben dem Leben enthobene, er hat den stillen Ort im Zentrum des Zyklons erreicht, für ihn ist alles das, was es *ist,* nämlich *nichts…*

Peter Strasser zitiert in seinem Beitrag zu deinem Buch den kalifornischen Delphin- und Drogenforscher Lilly, der in seinem Bestseller »Das Zentrum des Zyklons« *diese Ebene des Bewußtseins als einen ökonomischen Faktor anpreist, der* »mehr Geld wert ist, als man ermessen kann«. *Ich zitiere Lilly:* »Eine Firma, die ihr Management und ihre Mitarbeiter dazu ermutigt, die grundlegenden und höheren Stufen des Bewußtseins zu erlangen, wird wachsenden Nutzeffekt, zunehmende Harmonie und Produktivität, verbesserte Geschäftstaktik und bessere Public Relations innerhalb von wenigen Monaten aufweisen können.« *Das ist doch blanker Zynismus?*

Der *jivan-mukti* ist *allem* enthoben, alles ist ihm gleich. Und wenn ihm alles gleich ist, dann kann er genausogut Manager, Revolutionär oder Heiliger sein, denn der Unterschied von gut und böse, wahr und falsch, zynisch oder nicht-zynisch gehört zur Welt des *maya*, es ist alles einerlei. Es ist übrigens ganz interessant, daß zwei andere »Lehren«, die bei der zeitgenössischen Jugend großen Anklang gefunden haben, große Ähnlichkeiten mit der »Nicht-Ideologie« Bhagwans aufweisen, nämlich gewisse Anschauungen meines Freundes Paul Feyerabend und Castañedas. Feyerabend schreibt, daß ein »Dadaist« sowohl den Ring eines Erzbischofs küssen würde als auch den Po Poppers. Aber er würde das nicht tun, weil es so *wahr* und *gut* sei, sondern weil es ihm so beliebe, denn, after all, *what is truth*? Und Castañedas »man of knowledge« ist *im Grunde* auch alles wurscht: er weiß, daß alle Wege nirgendwohin führen, und so kann der Weise *alles* tun, *anything goes*, aber er tut, was immer er tut, mit einem inneren Lachen, er tut es distanziert. Das nennt Castañeda *»controlled folly«*.

Castañedas »Zauberlehre« ist doch wohl erstunken und erlogen? Er hat eine neue Richtung vorausgeahnt, war selber ein Urenkel der deutschen Phänomenologie, und er hat die Eulenspiegeleier seines Meisters Garfinkel in die Pfanne gehauen – und seine Leser gleich mit dazu!

Ich glaube seit ein paar Jahren auch nicht mehr, daß es sich um authentische Sachen handelt, aber das ist in erster Linie von akademischem Interesse, und ich möchte hier nicht in das Horn all der Wissenschaftsspießer blasen, die jetzt triumphierend aufheulen und sagen: »Seht ihr, wir haben's ja immer schon gesagt!« Viel interessanter bei Castañeda ist nicht die Frage der Authentizität, sondern die Frage: was hat Castañeda *zu sagen*. Und was er zu sagen hat, hat nun wenig Indianisches an sich, hat nichts mit Schamanen und deren moralischer Verpflichtung ihrem Stamm gegenüber zu tun. Don Juan ist ein *jivan-mukti* mystischer Provenienz, ein Vogel ohne Farbe, ohne Sprache, ohne Verantwortung, ohne Ehre, ohne Stolz, ohne Würde, ohne Angst – er ist ein Befreiter. Und *das* macht seine immense Attraktivität aus für Leute, die keinen Ausweg sehen, die schon alles gewesen sind, Linker, Nichtlinker, Rebell, Revolutionär, Angepaßter... Ich sage das ohne Ironie. Und wenn ich eine Prognose wagen darf: in dem Maße, in dem die Verhältnisse undurchdringlicher, un-überschaubarer, hoffnungsloser werden, in dem Maße, in dem der Leviathan wächst und junge Männer und Frauen ihre Machtlosigkeit angesichts der Gesellschaft und der Geschichte erfahren, in dem Maße wird das »Ideal der inneren Freiheit« den westlichen »Polit-Modellen« den Rang streitig machen.

Du hast in deinem neuen Buch, mehr noch in deinem vorherigen Buch »Traumzeit« einen ganz andersartigen Trend zu einer anderen Form von »Irrationalität« geschildert. Dieser Trend zielt nicht auf Weltflucht ab, sondern auf eine »Wiederverzauberung« der Welt, einen Prozeß, der das, was Max Weber die »Entzauberung der Welt« genannt hat, rückgängig machen soll – ich denke hierbei an den Erfolg von Büchern wie Endes »Unendliche Geschichte«, Tolkiens »Herr der Ringe«, Filme wie »Excalibur«, an die Hochkonjunktur von Okkultismus, Astrologie, Wunderheilen, UFOlogie, an das Interesse an Gestalten wie Merlin, Nostradamus oder den zum Sabbat eilenden Hexen.

Die Samnyasin-Ideologie asiatischer Prägung und die Mystik überhaupt zielen auf das ab, was die Zen-Buddhisten »Leerheit« nennen, auf eine Distanzierung von der Welt: Seht die Dinge im Schatten der Ewigkeit, und ihr erkennt ihre Bedeutungslosigkeit. Was bleibt, ist das Lächeln des Buddha und das Lachen Don Juans über die Eitelkeiten der Welt. Nun gibt es in der Tat, wie du sagst, noch einen anderen Weg, der Kälte und der Anonymität der modernen Welt zu entgehen, nämlich die, sagen wir, *Archaisierung* der Wahrnehmung...
Was verstehst du darunter?
Ich habe vorhin kurz erwähnt, daß manche Schizophrene den unerträglichen Spannungen ihres Lebens nur dadurch entfliehen können, daß sie sich aus dem Leben zurückziehen: Die Zeit wird für sie bedeutungslos, und sie leben verloren in einer vereisten Polarwelt, oder sie erstarren zu Steinwesen in einer vulkanischen Mondlandschaft – dort kann sie nichts

mehr erreichen. Es gibt aber auch das Entgegengesetzte zur Verödung und Entleerung, eine Wahrnehmungsweise, die auch durch die Einnahme halluzinogener Drogen begünstigt werden kann: wenn der Mensch seine Aktivitäten reduziert, wenn seine Handlungsimpulse zurücktreten, dann zieht sich auch sein dominierendes Ich aus der Welt zurück, und in dem Maße fängt das, was zuvor noch die *Außen*welt war, an, bedeutungsvoll zu werden. Der Mensch erfährt das, was Nietzsche »den Tod mit wachen Augen« genannt hat, und die Dinge erwachen wie aus einem Dornröschenschlaf: der Baum vor dem Fenster fängt an zu reden, das Fenster selber grinst einen an, der Schrank gibt seine lange gehüteten Geheimnisse frei, kurz, die Welt wird *märchenhaft*, sie offenbart Bedeutungen, die sonst einfach nicht existieren, die im Alltag müdeste Tatsache wird zum *Omen*, beispielsweise irgendein läppischer Satz, den ein Nostradamus im 16. Jahrhundert geäußert haben mag. »Beziehungswahn« nennen das die Psychopathologen...

Und du meinst, daß dies die psychische Realität ist, die der Sehnsucht nach der »Wiederverzauberung der Welt« zugrunde liegt?

Man muß vorsichtig sein mit dem Wort »psychische Realität« – ich würde eher sagen: dies ist die *Realität,* nach der wir uns alle mehr oder weniger sehnen, nämlich die Realität, die wir dem Prozeß der Zivilisation geopfert haben. Du weißt ja, daß viele Märchen mit dem Satz anfangen: »In einer Zeit, in der noch alles eine Bedeutung hatte, jede Pflanze, jeder Stein...«. Der tätige, aktive, handelnde Mensch, der *homo faber,* der Mensch der Moderne kann diese Dinge kaum mehr sehen, und deshalb denkt er, daß es das gar nicht gibt. Wer so denkt, ist genauso naiv wie derjenige, der nur deshalb bestreitet, daß es den Planeten Pluto gibt, weil er kein starkes Fernrohr zu Hause hat...

Aber trotzdem sind diese Dinge doch kaum noch Realität...?

Natürlich sind Filme wie »*Excalibur*« gnadenloser Kitsch, ebenso wie ein Gutteil des indischen Mystikimports, des Okkultismus und der Indianertümelei der jungen Leute, die heute fremde Kulturen genauso ausbeuten, wie es ihre Großväter getan haben, nur daß sie es ideologisch tun und nicht auf so handfeste Weise wie ihre Ahnen, das dürfte kaum kontrovers sein.

Meine Frage zielt nicht so sehr auf den »Kitschaspekt« der Sache, vielmehr ist sie eine grundsätzliche: die Sehnsucht nach der mythischen, märchenhaften Realität ist da, aber welche Chancen hat sie?

Es tut mir leid, wenn das zynisch klingt: die *Sehnsucht* hat immer bessere Chancen, aber ihre *Erfüllung* immer geringere. So war es ja schon vor fünfhundert Jahren, zu Beginn der Neuzeit. Archaische Ekstasekulte, wie beispielsweise der der Benandanti in Friaul oder die Werwolfkulte in Lettland lösten sich auf, und dies nicht zuletzt durch Gewalt, durch den Druck der Kirche und anderer Handlanger der Zivilisation, auf der anderen Seite blühte genau zur selben Zeit das Hexenwesen und anderer Okkultismus, Produkte der Moderne, *Erfindungen* einer neuen Zeit, die sich so ihre »andere Seite« vorstellte. Wahrscheinlich waren 99 Prozent aller verfolgten »Hexen« im 16. und 17. Jahrhundert so wenig wirkliche Hexen wie dies heute feministische Kräuterweiblein, Anhänger magischer Handbücher oder andere Sehnsüchtige sind. Ein theoretisch verfeinertes Hexenwesen mit einem damit verbundenen Hexen*wahn* und Hexenverfolgungen ist meist die Folge einer gesellschaftlichen Umbruchsituation. So war es in der Spätantike, mehr noch in der frühen Neuzeit, als eine neue Zivilisation eine traditionalistische, agrarische Gesellschaft ablöste. Genauso war es bei dem üppig wuchernden Hexenwesen der Zande in Afrika: was der Ethnograph Evans-Pritchard bei seiner Beschreibung vergaß, ist die geschichtliche Dimension – kurz vor seiner Ankunft bei den Zande waren nämlich diese Leute gezwungen, ihren angestammten Lebensraum zu verlassen, und erst in der *Krise* fing die Hexerei an zu blühen. Ich will damit sagen, daß in solchen kulturellen Krisensituationen, in denen die Traditionen weitgehend zusammenbrechen, ein neuer okkulter »Überbau« entsteht, der verhältnismäßig wenig Realitätsgehalt hat. Für uns heute heißt das in bezug auf eine »archaische Wahrnehmung«: Der Traum ist zwar nicht ausgeträumt, aber er wird immer mehr *Traum* und immer weniger *Realität*. Das ist der unumkehrbare Prozeß der Zivilisation – wenn ich mich nicht irre.

Du hast in deinen Arbeiten eine Alternative sowohl zu Bhagwan – Castañeda – Feyerabend als auch zum rationalistischen Wissenschaftsmodell positivistischer oder marxistischer Variante skizziert.

Na ja, was heißt »Alternative«? Es kommt immer drauf an, zu fragen: Alternative für wen? Es gibt sicher Leute, die aus *ihrer* Situation heraus über meine »Alternativen« mit Recht lachen werden. Schau mal, im Grunde gefällt mir das Leben, offen gestanden, auch unter den gegenwärtigen Bedingungen – es ist ja mittlerweile fast peinlich, so etwas zu sagen! Wenn der Optimist sagt: »Das Glas ist halb voll«, dann ist das für den Pessimisten, der *sieht,* daß das Glas halb leer ist, eine Frivolität. Aber für mich ist das Glas eben halb *voll.*

Mir ist deine gemütliche Zufriedenheit schon immer dubios gewesen...

Mir auch. Meinst du, ich sollte mal zum Arzt gehen?

Wie kann man angesichts aller Lebensprobleme so cool sein?

Ich gebe Udo Lindenberg völlig recht: In sieben Tagen schuf Gott die Welt, doch sieben Tage sind echt zu knapp. Aber was kann ich dafür?

Was willst du damit sagen?

Ich will sagen, daß es auch in der hinduistisch-buddhistischen Tradition nicht nur das Streben nach der endgültigen *moksha,* der Befreiung von allem, nach dem *nirvana* gibt, sondern darüber hinaus im Zen-Buddhismus das »weder im Tod noch im Leben bleiben«, wobei »Tod« ein Ausdruck für *nirvana* ist. Im Zazengi, einer Anleitung des Zen-Sitzens, werden die Anweisungen dafür gegeben, wie man zunächst den »Bewußtseinstod« erleidet, wie man ins »Nichts« eintritt.

Dort hörst du dann beispielsweise das »Klatschen einer einzigen Hand«, d. h., du löst das Koan, in dem der Zen-Meister dich gefragt hat, ob du das Klatschen einer einzigen Hand hörst. Aber im *nirvana* zu bleiben, in der endgültigen Befreiung, das ist nur ein neues Gefängnis für Zen, es ist das, was der Zen-Mönch Hirata, den vor zwanzig Jahren einmal Karl Löwith in Heidelberg eingeladen hatte, das »vertrocknete, abgestorbene Zen« genannt hat. Denn im *nirvana* gilt es, *zurückzukehren.* Wenn du im *nirvana* bist, gibt dir der Meister ein neues Koan: »Schau durch das Klatschen einer einzigen Hand hindurch!« Ich habe das damals nicht richtig begriffen. Richtig begriffen habe ich das erst lange Zeit später, in einer ganz anderen Kultur, nämlich bei den Cheyenne in Oklahoma.

Man kommt vom »Tod« zurück zum Leben?

Ich habe während des Sonnentanzes der Cheyenne, dem *oxheheom*, der »Hütte des Neuen Lebens«, in einem der heiligsten Augenblicke folgendes erlebt: der Sonnentanz-Priester brachte das Heilige Feuer in die Sonnentanz-Hütte, alles war sacred. Einige glimmende Zweige wurden von dem Wind davongetragen und wirbelten um den Priester. Da rief ein anderer Heiliger Mann aus dem Hintergrund dem Sonnentanz-Priester zu: »He, alter Mann, verbrenn dir nicht die Eier!« Darauf röhrendes Gelächter aller versammelten Indianer. Einige Zeit später habe ich mit dem Arrow Keeper der Cheyenne über die Geister geredet. Er hat zu mir gesagt: »The spirits are important, but don't overdo.« Auf deutsch: »Man soll nichts übertreiben.«

Und was hast du so von den Indianern gelernt?

Ich habe gelernt, daß alles halb so wild ist, das gilt auch für die Weisheit und für das *nirvana,* daß man achtgeben muß, kein Fanatiker, kein »true believer« zu werden, in keiner Richtung. Weißt du, so ist auch mein Verhältnis zur Wissenschaft und zur »Rationalität« und »Irrationalität«: ob meine Auffassungen, ob das, was ich für richtig halte, nun »wissenschaftlich« oder »unwissenschaftlich«, »rational« oder »irrational« genannt wird, ist mir völlig egal, ich bin weder ein entschiedener Parteigänger der Wissenschaftler noch der Cheyenne. Was mich letztlich interessiert, ist nicht, ob die Wissenschaftler oder ob die Cheyenne etwas für wahr halten...

Sondern?

...sondern ob etwas wahr *ist*.

Die *Wahrheit? Ist dieser Traum nicht gleichfalls ausgeträumt?*

Ich weiß, viele Intellektuelle heutzutage sind dermaßen verängstigt und verwirrt, daß sie es nicht einmal mehr wagen, zu sagen »Das Wasser ist heiß«, wenn sie in heißes Wasser gelangt haben, oder »Ich hab' dich lieb«, wenn sie jemanden lieb haben. Sie haben ja den Kontext entdeckt, die Geschichte, die Gesellschaft, die Relativität, und jetzt stehen sie furchtsam im Regen und wagen nicht mehr, den Mund aufzumachen. Und von der Wahrheit zu reden, das trauen sie sich allemal nicht mehr, und so schaffen sie sich auch hier, wie in ihrem übrigen Leben, eine Ersatz-Welt mit Ersatz-Begriffen – du erinnerst dich an den Anfang unseres Gesprächs, da haben wir über den Prozeß der Zivilisation gesprochen, darüber, daß sich der moderne Mensch immer mehr von den Dingen weg in die Subjektivität zurückzieht, daß er sich einkapselt und einen Panzer um sich herum bildet. Gleichermaßen verzichtet er auf die Wahrheit und ersetzt sie durch eine Pluralität von Wahrheit*en* abgekapselter Lebensformen...

Aber was ist Wahrheit? Was ist z. B. die Wahrheit über den Mond? Für den Verliebten ist er doch etwas ganz anderes als für den Raumfahrer, der dort seine Gesteinsproben einsammelt! Eine hübsche Frau geht durch den Wald, und der Verliebte bewundert ihr schönes Haar, ihren Gang und ihren Busen, tausend Dinge fallen ihm ein. Oben auf dem Ast sitzt eine Zecke. Sie riecht nur Buttersäure und läßt sich verzückt fallen. Was ist jetzt die Wahrheit – der Busen oder die Buttersäure?

Selbstverständlich sieht der Verliebte die Dame mit anderen Augen als die Zecke, die nicht mal Augen hat! Aber wo ist da das Problem? Wenn ich eine wirklich gründliche Kenntnis von Frauen haben will, dann werde ich eben Verliebte, Zekken und alle möglichen anderen Leute fragen, die Frauen aus den verschiedensten Perspektiven sehen. Problematisch wird die Sache erst dann, wenn ein Wissenschaftler reduktionistisch vorgeht, wenn er sagt: Die eine, etwa die Perspektive der Zecke, ist die einzig angemessene; alle anderen Perspektiven sind subjektiv oder illusionär.

Aber damit bist du schon beim Relativismus...

Keineswegs! Der Relativist würde sagen, daß die Perspektiven des Verliebten und der Zecke miteinander unvergleichbar, inkommensurabel sind. Aber das ist überhaupt nicht der Fall: sowohl der Verliebte als auch die Zecke beziehen sich auf unterschiedliche Weise auf dieselbe Sache, in unserem Falle auf eine Frau. So wie du und ich.

Wie?

Ich meine, so wie du und ich: wir reden doch im Augenblick über dasselbe Problem – oder etwa nicht?

Jetzt wundere ich mich über dich!

Ich kann mir denken, warum du dich wunderst. Du hast mich nämlich im Grunde für einen Irrationalisten gehalten, so wie das viele andere Leute auch tun, freilich tust du das mit positiver Wertschätzung. Und jetzt sind wir wohl an dem Punkt, auf den wir hinauswollten. Als ich vorhin sagte, daß ich weder ein Parteigänger der Wissenschaftler noch ein Parteigänger der Cheyenne sei, da habe ich gemeint, daß z. B. bei der Frage, ob es Geister gibt und wenn ja, von welcher Art sie sind, weder die Cheyenne noch die Psychiater noch die Parapsychologen notwendigerweise das letzte Wort haben, obgleich es bei der Beantwortung der Frage natürlich unabdingbar ist, sowohl die Perspektive der Wissenschaftler als auch die der Indianer zu kennen...

Das heißt, du willst weder Wissenschaftler noch Indianer sein, sondern gewissermaßen zwischen beiden stehen – oder sitzen: mir fällt die hagazussa *aus deiner »Traumzeit« ein, die Hexe, die »zwischen den Welten« auf dem Zaun sitzt...*

...und sich weder der einen noch der anderen Welt zurechnen läßt. Ja, das ist meine »Alternative«, wenn man so will.

Ich habe auch schon das »Klatschen einer einzigen Hand« gehört, aber ich merke immer wieder, daß mein Koan ist: »Schau durch das Klatschen einer einzigen Hand *hindurch*!« Für den Rationalisten ist das »Klatschen einer einzigen Hand« lächerliches Larifari. Und für den Irrationalisten ist es *die* Wahrheit, nach der er einen Punkt setzt. Ich setze keinen Punkt, sondern ein Komma. Das heißt, es geht weiter, du *bleibst* nirgendwo. In der Diamant-Sutra heißt es: »Man weckt sein Herz dort, wo man im Nirgendwo bleibt.«

Aber so etwas kann für viele Leute nicht attraktiv sein! Dazu ist die Wirklichkeit zu erbarmungslos: der technische Fortschritt in der Industrie und in allen Bereichen des Lebens schreitet rasch voran, und es gibt immer weniger Jobs für die weniger Intelligenten, die sozial oder auch physisch Benachteiligten. Die neue Generation der elektronischen Mikroprozessoren, die neuen Roboter winden diesen Menschen auch noch die letzten Chancen aus der Hand. Ein Millionen-Heer von vorwiegend Jugendlichen, die aus der Staatskasse unterstützt, ohne Hoffnung und nahezu ohne Möglichkeit dahinleben, stellen einen wachsenden Krisenherd dar, eine Brutstelle für vereinfachende Weltanschauungen, neue Religionen und Sekten...

Eben, das ist es, was ich in bezug auf Bhagwan gesagt habe: die »Lehre« Bhagwans ist eine aus der hinduistischen Tradition entwickelte »kosmische Ver*ein*fachung« der undurchschaubaren und Leid erzeugenden Komplexität der Welt, eine systematische Ausschaltung der unerträglichen Spannungen des Lebens, die Ausschaltung der reißenden Zeit, der unbarmherzigen Geschichte. Für einen Wildbeuter, der fröhlich und glücklich, manchmal natürlich auch traurig oder deprimiert, als mehr oder weniger selbstverständlicher Teil seiner Umwelt lebt, der höchstens einmal, wie die Pygmäen im Ituri-Urwald oder die Semang in Malaya, bei Jagdpech oder einem sonstigen Unheil im Ritual die Waldgottheit zupft, weil sie eingepennt ist, für solche Jäger und Sammler wäre eine hinduistisch-kalifornische Erlösungsreligion völlig unplausibel – diese Dinge weiß ja ein so scharfsinniger Mann wie Bhagwan selber! Er sagt von sich, daß er ein Guru »für reiche Kinder« sei, die verloren im Wohlstandsmüll herumtappen, in einem Müll, der ihnen weder Sinn noch Glück geben kann. Für einen Hindu ist es nun undenkbar, daß sich dieser Müll jemals *in der Geschichte* entgiften ließe. Und da gibt es in der Tat, unter dieser Prämisse, nur eine einzige Lösung: aus der Geschichte auszusteigen, und zwar endgültig. Und der Intellektuelle, der unentwirrbar in seinem Denken verstrickt ist, oder derjenige, der sich von der Hypothek seiner Erziehung, der Gesellschaft und der Umwelt flachgewalzt fühlt, für den ist es ganz vernünftig, das zu suchen, was Bhagwan und die Zen-Buddhisten den »großen Tod« nennen – Ruhe, Frieden, Stille, absolute Stille... Wer hingegen aus dem »großen Tod« ins »große Leben« will, ins Leben zurück will, für den muß das Leben, wie Nietzsche sagt, »ein Ort zum Tanzen« sein. *Das* ist die Prämisse für die Rückkehr...

Aber für eine junge Mutter, die ihre Muttermilch zur Analyse gebracht hat und mit Entsetzen erfährt, wieviel Giftstoffe diese Milch enthält, obwohl sie doch so gesund gelebt hat und nur beim alternativen Bauern auf dem Markt eingekauft hat, wer sieht, wie die Rohstoffe vergeudet, die Natur zerstört wird, wie die knappen Kapitalreserven in falsche Kanäle laufen und die Zeit verstreicht, ohne daß alternative Produktions- und Verteilungsverfahren entwickelt werden, für solche Menschen kann die Welt kein »Ort zum Tanzen« sein.

Bei Wildbeutern wie den Andamanen-Insulanern oder den Pygmäen tanzen die Leute jeden Abend am Lagerfeuer, falls es nicht aus allen Rohren gießt. Vermutlich tanzen auch sie nicht mehr allzulange. Ja, ich gebe dir natürlich recht: Bereits Nietzsche hat ganz realistisch gesehen, daß nur Wenige, solche, die die Kraft haben, die Ewige Wiederkehr des Gleichen wollen können, das, was die Inder *samsara* nennen und aus dem sie Befreiung erhoffen.

Kommen wir auf die Wissenschaft zu sprechen, denn der neue Doppelband heißt ja »Der Wissenschaftler und das Irra-

tionale«. Ist nicht die Wissenschaft selber weithin zu einem ir-rationalen Großunternehmen verkommen, wenn man be-denkt, daß der Staub des Mondes und der Urin der Raumfah-rer tausendmal mehr untersucht werden als beispielsweise der Angstschweiß kleiner Schulkinder?

Ich will sagen, daß die Wissenschaft immer weniger *dem Le-ben dient*, daß sie immer mehr zu einer Organisation von Fach-Simpeln wird, die ihre Zeit mit lächerlichen Detailpro-blemen vertun oder sich für billige Nikolaus-Gaben, bei-spielsweise für die Anerkennung ihrer Fachgenossen, für die Interessen der Industrie oder politischer und wirtschaftlicher Machtgruppen einspannen lassen. Das ist ja alles schon so häufig gesagt worden, daß man sich genieren muß, es zu wie-derholen.

Wie steht es in dieser Beziehung mit deinem eigenen Fach, der Völkerkunde, die ja wohl auch von den Zeitströmungen hin- und hergeworfen wurde?

Ich war vor kurzem Zaungast beim deutsch-österreichi-schen Völkerkunde-Kongreß in Münster. Es war schon ein bißchen merkwürdig: diese langweiligen Damen und Herren zu sehen, deren Gesichter nur ein einziges Mal eine gewisse Erregung zeigten, nämlich als es darum ging, am kalten Buffet einen der vorderen Plätze zu ergattern. Beantwortet das deine Frage?

Justin Stagl schreibt in seinem Beitrag zu deinem Buch, daß Feyerabend und wohl auch du enttäuschte Liebhaber der Wis-senschaft seien…

Na ja, ob wir gerade glühende Liebhaber waren…

Stagl spricht nicht von »glühend«, nur von »Liebhabern«.

Ich weiß nicht genau, wie das im Augenblick bei Feyerabend ist, jedenfalls habe ich vor ein paar Jahren in einem Interview mit zwei amerikanischen Journalistinnen gesagt, daß man der Wissenschaft mal den Büstenhalter öffnen müßte. Ich dachte dabei weniger an die Liebe, sondern eher daran, daß die Dame mal richtig durchatmen sollte. Paul Feyerabend hat mir da-mals geschrieben, ich hätte entweder einen schlechten Geschmack oder ich bräuchte eine neue Brille, denn es handle sich bei der Wissenschaft nicht um ein blühendes Weib, sondern um eine alte Vettel, die ohnehin mit jedem ins Bett steige. Aber ich kann mich an Zeiten erinnern, in denen auch Feyerabend dieser Dame schöne Augen gemacht hat – abgesehen davon habe ich den Eindruck, daß auch Feyerabend schlecht sieht…

Wie ist es mit zum Wissenschaftsbetrieb querstehenden Richtungen wie dem Marxismus?

Über was wollen wir reden – über zum Wissenschaftsbetrieb querstehende Richtungen oder über den Marxismus?

Ich verstehe. Kommen wir zur Ethnologie zurück.

Zur etablierten Völkerkunde: wir haben vorhin Castañeda gestreift, und an Castañeda kann man folgendes zeigen, und einige Leute, wie beispielsweise Dennis Timm, Stan Wilk oder Daniel Noel, haben das auch in ihren Beiträgen zu »*Der Wissenschaftler und das Irrationale*« getan. Es ist wahr, in gewisser Weise hat Castañeda aller Wahrscheinlichkeit nach die Leute gelinkt: es sieht so aus, als ob es nie einen Yaqui-Hexer Don Juan gegeben hat und deshalb auch keine Begegnung zwischen ihm und dem Ethnologie-Studenten Castañeda in einer Greyhound-Station in Nogales.* Richard de Mille hat ja mit der Akribie eines Watergate-Detektivs daran gearbeitet, in dieser Hinsicht einen überzeugenden Indizienbeweis gegen Castañeda zu führen. Okay, das wäre das. Das ist nicht so *ganz* unwichtig, wie die Castañeda-Anhänger behaupten, denn hätte Castañeda seine Berichte als Roman vorgelegt, dann wäre er wahrscheinlich in der Versenkung verschwunden, denn ein Schriftsteller der Weltliteratur ist er ja wohl nun nicht gerade, um es höflich auszudrücken. Na ja, gut. Die Ethnologen, denen daran gelegen war, nachzuweisen, daß die Texte keine normalen »Feldforschungsberichte« sind, haben jetzt ihr Zuckerl gekriegt, jetzt sollen sie sich wieder hinterm Ofen zusammenrollen, denn de Mille hat sie ja bedient.

Aber was hat Castañeda trotz alledem geleistet? Das fragt

---

* Im Moment denke ich hierüber anders. Siehe oben, S. 95, Fußnote 13.

sich von diesen Ethnologen kaum einer – und warum? Weil der größte Teil der deutschsprachigen Ethnologen den grundlegenden Problemen des Faches ausweicht, so, wie sie überhaupt theoretischen Problemen ausweichen. Für diese Leute sind »Theorien« konjunkturbedingter Überbau, der ohnehin im Laufe der Zeiten vom träge fließenden Strom der Faktensammler weggespült wird. Von daher wird auch verständlich, warum eine Gestalt wie Lévi-Strauss, dem hierzulande noch nie jemand auch nur annäherungsweise das Wasser reichen konnte, warum ein solcher Mann hier nur auf ein paar Krämerseelen gestoßen ist, die ihm nachgerechnet haben, daß er sich irgendwo verzählt hat, oder die stolz mit der Botschaft aufwarten, daß ja dieser Lévi-Strauss nur insgesamt vier Wochen bei irgendwelchen brasilianischen Indianern gewesen war. Aber was hat Lévi-Strauss in Wirklichkeit getan: er hat eine *Perspektive* entworfen, er hatte eine *Idee* – aber allein schon so etwas ist den Positivisten verdächtig, denn Denken schadet angeblich dem Charakter. Und mehr noch: Lévi-Strauss hat brilliert, er hat geglänzt – und das haben ihm diese matten Figuren nie verziehen. Lévi-Strauss hat raffinierte Menüs entworfen, während die deutschen Ethnologen in ihrer faden Kohlsuppe herumgestochert haben. Und was hat Castañeda getan? Castañeda hat gesagt: Ihr müden Beamten mit euren Abhandlungen über unilaterale Kreuzkusinen, was wißt ihr schon vom Ruf des Donnervogels, vom Flüstern des Nagual, von eurem Tod als Ratgeber, *was wißt ihr von eurem Gegenstand?* Das heißt, daß Castañeda grundlegende Probleme, die zuvor fast nur in vergleichsweise langweiliger, abstrakter Weise bei Philosophen wie Peter Winch oder bei den Ethnomethodologen aus der Schule Harold Garfinkels diskutiert wurden, auf eindringliche und anschauliche Weise den Völkerkundlern an den Kopf geknallt hat – und ich kann mich noch gut erinnern an die Mischung aus Hilflosigkeit und Aggressivität des Establishments in den frühen siebziger Jahren gegenüber den ersten Bänden Castañedas. Aber bald schon hat Castañeda überzogen, er ist geschwätzig geworden und

hat eine tolkienartige Mythologie erfunden, die außer einge-
fleischten Jüngern niemand mehr interessiert hat. Richard de
Mille hat mir vor einem halben Jahr Castañedas sechsten
Band geschenkt, aber ich muß gestehen, daß ich nach ein paar
Seiten die Lektüre dieser uncontrolled follies abgebrochen
habe.

*Nun wird man freilich nicht allen Ethnologen vorwerfen
können, daß sie keine Lévi-Strauss oder Castañedas sind.
Wolfgang Stegmüller hat einmal an Paul Feyerabend kritisiert, daß dieser die normalen Wissenschaftler an Giganten
wie Galilei oder Einstein messe – und dann wären natürlich
fast alle unbedeutende Trottel!*

Nein, ich werfe niemandem vor, daß er nicht »La pensée sauvage« geschrieben hat oder »A Separate Reality«. Was ich den
deutschen Ethnologen vorwerfe, ist ihre Borniertheit, ihre
Kleinkariertheit, und auch das werfe ich selbstverständlich
nicht allen, aber den meisten vor. Natürlich hat jeder Mensch
das Recht, sein Leben lang vor sich hinzutrotteln – ich habe
nichts gegen Trottel *als solche.* Aber die Trottel, die ich meine,
sind Trottel mit einer gewissen *Macht,* mit Einfluß. Sie beherrschen die Universitäten, verteilen unter sich Stellen und
Stipendien, und sie bestimmen letzten Endes auch weitgehend das intellektuelle Klima der immer zahlreicher werden-
den Ethnologiestudenten. Diese Professoren sollen nun um
Himmels willen den Studenten nicht nach dem alternativen
Mund reden, so à la Castañeda, aber sie sollten sich auch nicht
auf die Lebensform akademischer Blindschleichen zurückziehen – das ist nicht ihr sozialer Auftrag!

Daran werden Provokateure wie du nichts ändern, oder?

Ja, ich spüre da eine gewisse Ohnmacht, das gebe ich zu.
Denn schau: Feyerabend hat, was Kritik und Provokation anbetrifft, das Seine getan, und zwar sehr viel, ich das Meine und
sicherlich weniger. Aber was haben wir erreicht? Wir haben
ein, sagen wir, intellektuelles Klima unter Dissidenten beeinflußt, vielleicht haben wir auch dem einen oder dem anderen
wissenschaftlichen Kraftmeier ein bißchen Luft abgelassen,

so daß er auf Normalgröße geschrumpelt ist, aber dabei ist's dann auch geblieben, denn die quallige Masse des Universitäts-Establishments ist im Grunde unangreifbar – du kennst den berühmten Versuch, einen Pudding an die Wand zu nageln. Feyerabend hat das ja mal in bezug auf Popper gesagt, der seit Jahrzehnten jedem, der es hören will, erzählt, er habe den Positivismus zur Strecke gebracht. Aber was, sagt Feyerabend, hat Popper in Wirklichkeit getan? Er hat eine kranke Maus, nämlich die Ideologie des Wiener Kreises, unglücklich gemacht und bildet sich jetzt auf diesen Heldenstreich 'ne Menge ein, und zwar in einem Augenblick, in dem der platteste Positivismus die meisten Universitäts-Institute und die Normal-Wissenschaft beherrscht. Dieser Normal-Wissenschaft kann man zwar ein bißchen am Lack rumkratzen, aber da spritzen die ein-, zweimal drüber und verkaufen dann wieder die Karre als neuwertig… Andererseits will ich hier nicht die Gegend volljammern – vielleicht wäre es viel bedenklicher, wenn Leute wie Feyerabend oder ich einen größeren Einfluß hätten. »*Against Method*« oder »*Traumzeit*« als Pflichtlektüre, um einen Schein zu kriegen – ach du lieber Gott!

Interview: Helmut Krauch

Lebensliebe und Lebensflucht

Ein Interview (1984)

Ihr neues Buch Sedna oder Die Liebe zum Leben *ist bereits vor der Veröffentlichung mit akademischen Vorschußlorbeeren versehen worden, und kein Geringerer als Mircea Eliade hat prophezeit, daß es als Klassiker in die Geschichte der Religionswissenschaft eingehen wird. Ist Hans Peter Duerr, der verlorene Sohn, in den Schoß der Wissenschaft zurückgekehrt? Oder ist Ihr Buch eine neue Provokation, diesmal mit raffinierteren Mitteln?*

Ich setze mich nicht sechs Jahre lang hin und schreibe ein Buch nur zu dem Zweck, ein paar Hamster des Universitäts-Establishments zu ärgern. Ich denke, daß ich in erster Linie kein Wissenschafts*kritiker,* sondern ein Wissenschaftler bin, und das ist nie anders gewesen. Ich verzichte heute lediglich auf grellere Farben und ziehe Pastelltöne vor.

Daß Sie ein Wissenschaftler sind, wird häufig bestritten, und es hat wohl in den letzten Jahren kaum einen Autor gegeben, der vom akademischen Establishment erbitterter bekämpft worden ist als Sie. Wir bereiten einen Film über die Ethnologie der Gegenwart vor und haben in diesem Zusammenhang auch einige deutsche Ethnologen gefragt. Dabei ist uns aufgefallen, daß unter diesen Professoren kaum einer war, der nicht behauptete, Sie seien gar kein Ethnologe, sondern ein Ideologe des Irrationalismus ohne jeden Einfluß auf die akademische Wissenschaft.

Sie dürfen solche Auskünfte nicht mißverstehen. Ich habe mit all diesen Leuten ein Abkommen getroffen. Sie machen meine Bücher herunter mit dem Effekt, daß diese Bücher mehr gekauft werden. Als Gegenleistung habe ich versprochen, daß ich niemals Professor werde.

Einige Professoren fühlen sich von Ihnen als Trottel behandelt...

Ich halte diese Herren nicht für Trottel. Ich beurteile niemals Menschen nach ihren Veröffentlichungen.

Hat Ihnen schon einmal jemand gesagt, daß Sie ziemlich arrogant sind?

Wenn Sie mir eine Gegenfrage erlauben – haben Sie deutsche Vorfahren?

Wieso?

Weil Sie keinen Humor haben. Aber lassen wir das, damit das Interview etwas ernsthafter wird. Die deutschen Ethnologen sind nicht so schlecht, wie sie selber glauben. Sie haben Minderwertigkeitsgefühle, weil niemand im Ausland sie liest, aber das liegt vor allem daran, daß viele ausländische Ethnologen deutsche Texte nicht lesen können.

Kommen wir zu Ihrem neuen Buch, das wir als eine Verfallsgeschichte der Lebensliebe gelesen haben. Sie schreiben, daß im Laufe der letzten Jahrtausende die Möglichkeiten der Menschen, sich mit ihrer Umwelt zu identifizieren, erheblich abgenommen haben und daß sie deshalb Ideologien erfanden, die entweder ein anderes, besseres Leben versprachen – oder aber das Leben überhaupt abwerteten. Ist Ihr Buch eine Zivilisationskritik?

Na ja, es kommt darauf an, was man unter diesem Wort versteht. Es ist eine »Kritik« insofern, als ich zeigen will, daß allem Anschein nach die »Lebensqualität« im Prozeß der Zivilisation abgenommen hat. Anderseits ist es keine »Kritik« in dem Sinne, daß ich die Entlastungsideologien der letzten dreitausend Jahre für unangemessen oder falsch halte. Wenn einer das Nirvana zu erlangen sucht, dann tut er das schließlich nicht aus Dummheit oder Jux, vielmehr hat ein solcher Radikalismus gute, wir würden sagen: materielle Gründe.

Trotzdem sind Sie ja kein Buddhist...

Nein, aber ich denke, daß ich verstehe, was der Buddhismus bedeutet, und ich kann mir ohne große Phantasie Lebensumstände vorstellen, unter denen ich auch diesen Weg ginge.

Würden Sie sagen, daß die Lehre Buddhas, um bei diesem Beispiel zu bleiben, wahr ist?

Man kann die Welt im Schatten der Ewigkeit sehen, so daß

die Dinge gleichgültig werden. Sieht man die Dinge gleichgültig, dann sind sie gleich gültig. Man *kann* die Welt so sehen, aber man *muß* es nicht.

Was unterscheidet Sie von der positivistischen Ideologiekritik?

Der Positivist hält das Nirvana für eine Illusion. Er ist Agent und Sklave einer bestimmten Wissenschafts*ideologie* dieser Zivilisation, und dies hindert ihn daran, andere Lebensformen und deren Ideologien ernst zu nehmen und zu verstehen.

Sie kritisieren also den Positivismus ähnlich wie Feyerabend?

Ich habe den Eindruck, daß Feyerabend etwas anderes meint als ich. Er sieht die Wissenschaft als *eine* Erklärungsform der Welt unter vielen, und er meint, daß sie nicht besser und nicht schlechter ist als andere. Nach Feyerabend meinen viele Wissenschaftler, daß die wissenschaftliche Welterklärung im Grunde etwas Höheres und Besseres sei als andere Erkenntnisformen, d. h., sie sind Wissenschafts*ideologen.* Ich selber habe eine etwas andere Betrachtungsweise, die von Wittgenstein beeinflußt ist. Für mich ist die Wissenschaft verfeinerter Common sense, und ich glaube nicht, daß der Common sense *eine bestimmte Theorie* oder eine *Metaphysik* unter vielen ist, obgleich er natürlich von theoretischen und metaphysischen Elementen durchsetzt ist. Der Common sense ist bei allen Menschen zu allen Zeiten anzutreffen, und es wäre höchst gefährlich, auf ihn zu verzichten. Nehmen wir jetzt eine asiatische Befreiungslehre wie die Nirvana- oder die Mokscha-Lehre. Hier handelt es sich weder um Wissenschaft noch um Common sense, aber diese Lehren sind – logisch gesehen – auch nicht unvereinbar mit Wissenschaft und Common sense. Der Buddhismus stellt eher eine Methode dar, unerträgliche Lebensspannungen auszuschalten. Seine Voraussetzung ist die Erfahrung, daß alles Leben Leiden ist, und er ist ein Weg oder eine Praxis, diesem Leiden, aber auch dem Bruder des Leidens, nämlich dem Glück, zu entgehen. Der Buddha war an philosophischen oder wissenschaftlichen Fragen desinteressiert, weil er dachte, daß die Beschäftigung mit diesen Problemen den Menschen von der Befreiung ablenkt. Er war also gewissermaßen aus *psychologischen* Gründen abgeneigt, sich mit diesen Dingen auseinanderzusetzen. Umgekehrt dürfte es keine »erkenntnistheoretischen« Gründe geben, die einen Wissenschaftler davon abhalten könnten, Buddhist zu sein und den Weg ins Nirvana zu gehen. In anderen Worten: während offenbar Feyerabend dazu neigt zu sagen, daß die Wahrheitsfrage zwischen Wissenschaft und Buddhismus unentscheidbar ist, weil es keine übergeordneten Verifikationskriterien gibt, würde ich eher sagen, daß die Wahrheitsfrage out of place ist, weil es keine »logische Konkurrenz« zwischen Wissenschaft und Buddhismus oder irgendeiner anderen Form von Mystik gibt.

Sie sagen aber, daß beispielsweise der Buddhismus von einer gewissen Anschauung ausgeht, nämlich von der Auffassung des Lebens als Leiden, und diese Auffassung könnte ja falsch sein!

Ich denke, es handelt sich hier um den Ausdruck einer bestimmten Lebenserfahrung, oder sagen wir vielleicht besser: eines Lebens*gefühls*. Wie könnte man die Realität eines solchen Lebensgefühls bestreiten? Würde man dann nicht dem Psychiater gleichen, der einer schizophrenen Frau, die Stimmen hört, sagt: »Das müssen Sie sich einbilden!«?

Sie wenden sich also gegen reduktionistische Ideologien wie den Positivismus oder den Marxismus?

Der Marxismus – oder sagen wir eher: der Materialismus – muß nicht notwendigerweise identisch sein mit einem tölpelhaften Reduktionismus, obgleich er natürlich meistens auf so etwas hinausläuft. Marx hat den berühmten Satz formuliert: »Das Sein bestimmt das Bewußtsein«. An diesem Satz kommt meines Erachtens kein Wissenschaftler vorbei, und angesichts der weltanschaulichen New Age-Berieselungen, denen wir im Moment ausgesetzt sind, ist es vielleicht nicht ganz unnütz, in diesem Zusammenhang diesen Satz zu wiederholen. In Wittgensteinscher Fassung lautet er »Wie die Menschen denken, zeigt, wie sie handeln und leben« oder so ähnlich.

Eine solche Auffassung akzeptiere ich, und sie ist auch eine der Voraussetzungen meines Buches *Sedna*. In diesem Sinne habe ich nichts gegen den Marxismus. Even some of my best friends are Marxists. Daß der Marxismus weithin zu einer etwas dümmlichen Apologie der Wissenschaftsideologie der westlichen Zivilisation verkommen ist, hat er mit anderen Betrachtungsweisen wie etwa der Psychoanalyse gemein, aber das *muß* nicht so sein.

Hans Peter Duerr – der wahre *Marxist, das dürfte doch wohl eine neue Finte sein!?*

Ich habe den Eindruck, daß Sie ziemlich viel Unsinn über mich gelesen haben. Man hat mich in diesem Land, aber auch anderswo, in ein Theaterstück eingebaut, weil eine Rolle frei war. Es handelt sich um eine Fehlbesetzung, aber ein großer Teil des Publikums ist wohl anderer Auffassung.

Im Vorwort von Sedna *schreiben Sie, daß Sie in* Traumzeit *die archaischen Menschen als Weise charakterisiert haben, während sie in Wirklichkeit Ritualisten gewesen seien. Ist* Sedna *ein Widerruf von* Traumzeit?

Sagen wir so: ich verteile heute die Akzente anders, wozu auch meine Aufenthalte bei den Cheyenne beigetragen haben. Ich glaube heute, daß die Indianer, um ein Beispiel zu nennen, nicht so sehr »Denkende«, sondern »Tuende« waren. Für die Plains-Indianer war nicht eine bestimmte *Interpretation* des Kosmos zentral, sondern der Sonnentanz und andere Zeremonien, in denen die Menschen zur Regenerierung des Kosmos beitrugen. Nachdem das Jahr alt geworden war, wurde es wieder jung, und an dieser Verjüngung beteiligten sich auch die Menschen.

Beschreibt Sedna, *wie der Mensch diese Teilhabe verlor, die Teilhabe des Menschen an der »Einheit«?*

Seien wir hier vorsichtig: Einheitsideologien setzen einen tiefen Bruch voraus, wie er in dieser Weise bei Wildbeutern nicht gegeben ist. Die Einheit, wie sie in Einheitsideologien erstrebt wird, ist – geschichtlich gesehen – Ausdruck relativ später Ideologien, in denen eine Harmonie erstrebt wird, die es in Wirklichkeit niemals gegeben hat, und die deshalb in ihren Auswirkungen meist repressiven Charakter hat. Damit meine ich nicht allein die gegenwärtigen New-Age-Phantasien von der Einheit der Menschen mit sich und der Gesellschaft und dem Kosmos, sondern auch die Harmonie-Ideologien etwa der Pueblo-Indianer oder der Cheyenne. Ursprüngliche Jäger und Sammlerinnen sind äußerst individualistisch und desinteressiert an allzuviel verbindlicher Gemeinsamkeit. In der Büffeljägerzeit auf den Plains mußte etwa die »Einheit« der Cheyenne häufig erzwungen werden: den Bands, die keine Lust hatten, beispielsweise an der Pfeilzeremonie teilzunehmen, wurden von Angehörigen der Kriegergesellschaften die Pferde erschossen und die Tipis aufgeschlitzt, auf daß sie sich darauf besannen, die Einheit des Kosmos wiederherzustellen.

Trotzdem scheint uns in Sedna *wieder eine Idealisierung des »Wilden« zu stecken. Postulieren Sie nicht eine Reinheit der wildbeuterischen Ursprünge im Gegensatz zur Unreinheit der Zivilisation?*

Was heißt »Idealisierung«? Wenn die Ethnologen feststellen, daß das Leben der Wildbeuter leichter war als das der nachfolgenden Pflanzer, Hirtennomaden, Bauern usw. und daß sie deshalb das Leben, so wie es war, mehr akzeptierten und keine Weltverbesserungs- und Weltfluchtideologien erfinden mußten, dann kann ich nur sagen: Schade, daß es nicht mehr so ist und nicht mehr so sein kann.

Woher wissen Sie denn so sicher, daß Ihre Sichtweise dieses Entwicklungsprozesses die richtige ist?

So sicher, wie Sie vielleicht glauben, weiß ich das natürlich nicht. Selbstverständlich kann *immer* alles ganz anders sein, als man glaubt. Gott allein weiß die Wahrheit.

Hans Peter Duerr – ein Marxist und Gottesgläubiger?

Beruhigen Sie sich. Ich glaube nur manchmal an Gott, meist nur am Ende eines anstrengenden Interviews.

Interview: Elizabeth Powell und Johan Lindquist

Endet der Weg mitten in Petersilie?

Ein Interview (1984)

Wie erklären Sie sich den »Ethno-Boom« der letzten Jahre, das beträchtliche Interesse, das heute den »Naturvölkern« entgegengebracht wird?

Nun, zunächst haben sich viele Intellektuelle mit den Arbeitern identifiziert. Als langsam durchsickerte, daß die Arbeiter größeres Interesse an Cordon bleu und Denver als an der »Emanzipation des Gattungssubjektes« hatten, tauschte man die Arbeiter der Industrienationen gegen das »externe Proletariat«, gegen die Dritte Welt aus. Aber auch die Dritte Welt hielt nicht das, was man sich von ihr versprach. Und so kam es, daß viele die Dritte zugunsten der Vierten Welt, also der Stammesgesellschaften, der »Naturvölker«, fallenließen.

Wird es noch weitere Stufen in diesem Prozeß geben?

Wir sind eine Wegwerfgesellschaft. Ich bin ziemlich sicher, daß man die »Naturvölker« wegwerfen wird, wenn klar geworden ist, daß sie nicht den Reinheitsgeboten der Intellektuellen entsprechen, daß sie keine *Natur* verkörpern, sondern daß sie in vielerlei Hinsicht »künstlicher« und »zivilisierter« sind als wir. Wenn sich dies herumgesprochen hat, wird vielleicht die Fünfte Welt, die Natur selber, den freigewordenen Platz einnehmen, bis auch sie ihre »Unnatürlichkeit« offenbaren wird. Damit meine ich, daß auch sie irgendwann zeigen wird, daß sie nicht das ist, was man von ihr erwartet. Herbert Marcuse hat einmal in einem *Spiegel*-Interview gesagt, daß in der »befriedeten Natur« die Haie keine anderen Fische mehr fressen würden, weil ihnen genügend Plankton zur Verfügung stünde...

Sie sagen, es wird sich zeigen, daß die »Naturvölker« zivilisierter sind als die sogenannten Hochkulturen...

Vor kurzem haben die Intellektuellen mit dreißig Jahren Verspätung Norbert Elias entdeckt, der ihnen verkündet hat, daß im Verlauf der letzten fünfhundert Jahre ein tiefgreifender Wandel in der »sozialen Modellierung« der Affekte, der vitalen Bedürfnisse, der körperlichen Funktionen stattgefunden habe, daß diese nämlich hinter die Kulissen des öffentlichen Lebens geschoben worden seien. Dabei denkt er etwa an die Privatisierung von Sexualität, Nacktheit, Defäkation, der Körpergeräusche und des Körpergeruchs und so weiter…

…also überhaupt an die Unterscheidung zwischen einem öffentlichen und einem privaten Bereich.

Genau. Wenn heute Richard Sennett davon spricht, daß die »Ideologie der Intimität«, die Abkehr des Menschen von der Öffentlichkeit zu privaten Lebensbereichen hin, vor allem zur Familie, ein Produkt der Neuzeit, gar erst des vergangenen Jahrhunderts sei, so meint er etwas ähnliches. Das Bild, das hinter derartigen Auffassungen steht, ist das der Natürlichkeit – Elias spricht manchmal von »Kindlichkeit« –, der Einfachheit, Undifferenziertheit, Roheit, Wildheit, Ursprünglichkeit der archaischen, primitiven Menschen, etwa denen des frühen Mittelalters, die eben noch nicht »zivilisiert« waren. Dieses Bild halte ich für falsch.

Warum soll das falsch sein?

Ein paar Beispiele: Früher haben die Ethnologen behauptet, daß etwa die südamerikanischen Urwald-Indianer, die in großen Gemeinschaftshütten leben, in Häusern, die keine Trennwände haben, keine Unterscheidung von öffentlichem und privatem Leben kennen. Das ist aber falsch. Wenn etwa ein Yagua im peruanischen Tiefland, der in einem solchen Vielfamilienhaus lebt, allein sein will, dann dreht er sich mit dem Gesicht in einer charakteristischen Weise zur Wand. Das bedeutet, daß er nicht da ist und deshalb auch in dringenden Fällen nicht angesprochen werden kann. In den großen Malocas, den Gemeinschaftshäusern der Cubeo, werden die Privatsphären der einzelnen Familien bereits von den Krabbelkindern respektiert, oder bei den Mbowamb, einem Stamm im östlichen Zentral-Neuguinea, verhält man sich in der Öffentlichkeit völlig anders als in der Familie, in der allein man Ruhe, Zufriedenheit und Glück erwarten kann.

Aber nehmen wir etwa die Sexualität oder die Nacktheit.
Man wird doch wohl kaum bestreiten können, daß beispiels-
weise die Nacktheit der Urwald-Indianer weniger »privati-
siert« ist als die einer viktorianischen Jungfrau!?

Doch, das will ich bestreiten! Bei vielen der Stämme, von denen wir reden, wird stets die Eichel bedeckt, sie darf nie gesehen werden, was bei den völlig unbekleideten Männern dazu
führt, daß sie andauernd die Vorhaut langziehen. Der nackten
Eichel entspricht bei den Frauen der Schleimhautbereich der
Vulva, weshalb die Frauen auf peinlichste Weise darauf ach-
ten, daß stets ihre Beine zusammengepreßt sind. Könnte man
irgendwann einmal, etwa beim Baden, einem Mann auf die
Eichel oder einer Frau ein Stück weit in die Vulva schauen,
dann würden sich die Betreffenden nicht weniger schämen als
die viktorianische Jungfrau, die im Leibchen überrascht
wurde. Bei den Pakidái wäre so etwas sogar ein richtiges Ver-
brechen, wofür man die Betreffenden zusammenschlagen
würde.

Und was die Sexualität betrifft, noch ein anderes Beispiel:
Obgleich guatemaltekische Hochland-Indianer oder die Bauern in Jamaica in hoffnungslos überfüllten Räumen schlafen
und einander beischlafen, wußten etwa zwei Drittel der
Frauen vor der Hochzeit nicht, woher die Kinder kommen,
sie hatten keine Ahnung von Geschlechtsverkehr. Sie können
sich also vorstellen, was das für ein Beischlaf sein wird, der
über viele Jahre hinweg selbst von denen, die einen halben
Meter entfernt schlafen, nicht bemerkt wird.

Sie meinen also, daß auch Gelehrte wie Norbert Elias Propa-
gandisten eines Mythos sind, den sich die moderne Zivilisation
zurechtgelegt hat, eines Mythos, nach dem der Prozeß der
abendländischen Zivilisation ein Prozeß zunehmenden
Triebverzichts gewesen ist?

Lassen Sie es mich so sagen: In vielerlei Hinsicht sind wir
»Zivilisierte« unzivilisierter und wilder als die »Wilden«. Je
nach Weltanschauung kann man das positiv oder negativ sehen.

Ihr vorletztes Buch, die »Traumzeit«, hat den Untertitel »Über die Grenze zwischen Wildnis und Zivilisation«. Sie haben darin die These vertreten, daß die »Wilden« in gewisser Weise vernünftiger, rationaler waren als beispielsweise ein Großteil der heutigen Wissenschaftler, weil sie ein vernünftigeres Verhältnis zur Unvernunft hatten, während im Zivilisationsprozeß immer mehr die Unvernunft, das »Andere der Vernunft«, ausgegrenzt wurde. Mit diesem Buch haben Sie seltsame Erfahrungen gemacht, was die Rezeption betrifft, und Sie wurden als »Begründer eines Hexenkultes« oder als »Totengräber des Rationalismus« bezeichnet. Was war das eigentlich für ein Buch? Wie konnte es zum Kult-Buch werden? Und wie war die ganze Skala von Mißverständnissen möglich?

Natürlich gibt es immer Leute, die nicht alle Tassen im Schrank haben. Die Rezensenten, die in mir den Propagandisten eines Hexenkultes gesehen haben, also so eine Art bundesrepublikanischen Aleister Crowley, gehören vermutlich in diese Kategorie.

Nun haben aber doch offenbar auch Wissenschaftler wie Jürgen Habermas und viele andere, die man kaum so kategorisieren kann, in Ihnen einen Vertreter des Irrationalismus gesehen.

Viele Intellektuelle verstehen etwas nur dann, wenn man es ihnen in ihrer eigenen Fachsprache vorkaut, oder zumindest in der Sprache, in der sie mit ihren Freunden und Bekannten reden. In der »Traumzeit« habe ich beispielsweise eine »erkenntnistheoretische Figur« stilisiert, die Hagazussa, also die Hexe, die als Sinnvermittlerin auftritt und als solche den beiden Bereichen, zwischen denen sie vermittelt, entfremdet ist. Hätte ich statt der Dame den griechischen Gott Hermes genommen, eigentlich keine anstößige Figur, wenn man einmal von seinen häufigen Erektionen absieht, dann hätten zumindest die humanistisch Gebildeten sich gesagt: »Aha, Hermeneutik, Gadamer usw.«, und hätte ich gar ganz auf die Mythologie verzichtet und so etwas gesagt wie »Dialektik der

Grenze« oder »Denken heißt Überschreiten«, dann hätte es selbst bei Habermas geklingelt.

Also nur Mißverständnisse?

Na ja, andere Leute haben die »Traumzeit« wiederum nur allzugut verstanden, und ich vermute, daß ihre Abwehr so zu erklären ist: Wenn es eine wesentliche Aufgabe der Ethnologie ist, fremde Kulturen zu verstehen, dann bedeutet dies zunächst, daß sich der Ethnologe, wenn er seinen Beruf einigermaßen ernsthaft betreibt, auf eine fremde Lebensform einläßt. Ähnlich geht es ja auch anderen Wissenschaftlern, etwa dem Psychiater, der auch erst einmal nachvollziehen muß, was der Patient überhaupt *meint*, wenn er sagt, daß er in Wirklichkeit nicht hier in der Praxis sitzt, sondern Lichtjahre entfernt auf einem Planeten des Epsilon Eridani. Wenn also der Ethnologe verstehen will, was der Schamane meint, wenn er berichtet, daß er mitunter zu seiner Geliebten, der Geistfrau, jenseits des Großen Berges und diesseits der Gelben Dünen fliegt, und wenn er nicht mit einer üblichen Mickey-Maus-Übersetzung zufrieden ist, dann muß er eben mitfliegen – sonst bleibt er in bezug auf diese Dinge farbenblind und weiß nicht, wovon er redet. Nun wollen aber die meisten Ethnologen den Pelz waschen, ohne ihn naß zu machen, sie wollen über Dinge urteilen und Sachverhalte erklären, ohne diese vorher verstanden zu haben, weil Verstehen oft ein äußerst risikoreiches Sich-Einlassen, ein existentielles Engagement voraussetzt. Viele Fachleute haben ganz genau verstanden, daß ich in der »Traumzeit« zu den Ethnologen gesagt habe, daß sie ihren Beruf etwas ernster nehmen sollten, was sie als eine dreiste Zumutung empfunden haben.

In Ihrem vor kurzem erschienenen neuen Buch, »Sedna oder Die Liebe zum Leben«, schreiben Sie im Vorwort, einer der Hauptfehler der »Traumzeit« habe darin bestanden, daß Sie die »archaischen Menschen« als Wissens-Sucher dargestellt hatten, während sie in Wahrheit Ritualisten gewesen seien...

Als ich die »Traumzeit« schrieb, habe ich mich noch sehr mit philosophischen Themen beschäftigt, was dazu geführt hat, daß ich den Fehler gemacht habe, beispielsweise die Schamanen zu sehr als eine Art Philosophen, als Erkenntnis-Sucher zu sehen. Heute glaube ich, daß die »archaischen Menschen« wesentlich »praktischer«, daß sie in erster Linie Tuende waren.

Heißt »Tuende«, daß die ursprünglichen Wildbeuter verhältnismäßig »bewußtlos« in der Natur lebten, ohne über ihr Dasein zu reflektieren?

»Tuende« heißt, daß man im Ritual versuchte, teilzuhaben an der Wiederherstellung eines »Normalzustandes«, der immer wieder zyklisch, im Lauf der Jahreszeiten, gestört wurde. Das Ritual war also Restitution und kein magisches, »prototechnisches« Verhalten, wie es meistens heißt. Reflexionslos waren die Wildbeuter in dem Sinne, daß sie die Selbstverständlichkeit des Daseins nicht in Zweifel zogen, so wie dies etwa Philosophen, religiöse Menschen oder Schizophrene tun.

Und warum haben die Menschen zu jener Zeit nicht philosophiert oder reflektiert?

Niemand reflektiert grundlos über das Dasein, und ich habe den Eindruck, daß der materielle Grund des Wildbeuterdaseins kein allzu günstiger Nährboden für philosophisches Denken war, etwa für ein elementares Staunen darüber, daß überhaupt etwas ist und nicht nichts und derartiges. Natürlich hatten die Wildbeuter eine gewisse Angst, vor allem die Angst davor, daß die großen Herden der Jagdtiere, das Mammut, der Büffel, das Wildpferd und so weiter, nicht mehr zurückkehren könnten, nachdem sie abgewandert waren, aber das war eben – philosophisch gesprochen – keine grundlegende Angst, sondern eine ganz normale Furcht. Das heißt, das Dasein dieser Menschen vor zwanzigtausend Jahren hatte noch nicht den Knacks, den es im ersten vorchristlichen Jahrtausend erhielt, als sich die heute maßgebenden Religionen und Weltanschauungen herausbildeten.

Ihr neues Buch heißt im Untertitel »Die Liebe zum Leben« – setzt Liebe nicht gerade die Distanz voraus, die Sie eben für die Wildbeuter verneint haben?

Ich meine das Wort »Liebe« nicht so sehr im romantischen Sinne, denn die Jäger und Sammlerinnen – wobei man eigentlich die Sammlerinnen zuerst nennen sollte, denn zumindest wirtschaftlich gesehen waren die Frauen höchstwahrscheinlich wesentlich wichtiger als die Männer – waren keine Romantiker. Romantik setzt nämlich einen Verlust voraus, den diese Menschen noch nicht zu beklagen hatten. Allerdings lebten sie auch nicht im »Einklang mit der Natur« – Mißklänge gab es andauernd, und die mußten beseitigt oder gedämpft werden. Ein Beispiel: Wenn die Mbuti-Pygmäen im zentralafrikanischen Regenwald irgendein Unglück ereilt oder wenn sie Jagdpech haben, dann sagen sie, daß der Wald unaufmerksam war oder eingeschlafen ist. Daraufhin singen sie ein Lied, sie singen »Der Wald ist das Gute«, und zwar so lange, bis der Wald aufwacht und sich wieder um seine Kinder kümmert. Man könnte ein Buch über die Pygmäen »Bambuti oder Die Liebe zum Urwald« nennen. Ich meine also mit Lebensliebe ein grundlegendes Vertrauen zum Leben, das durch Mißklänge oder durch zyklische Veränderungen in der Natur nicht in Frage gestellt wird...

... was dann ja wohl später, nach der »neolithischen Revolution«, geschah?

Ich denke, daß das Leben der nomadisierenden Wildbeuter in wirtschaftlicher und in sozialer, also in zwischenmenschlicher Hinsicht erfreulicher gewesen ist als die Lebensform der späteren Hirtennomaden und Bauern. Wahrscheinlich wurden die Menschen durch die Bevölkerungszunahme gezwungen, ihr Jäger- und Sammlerinnendasein aufzugeben. Für die Nachfolgekulturen wurde es immer schwieriger, das Leben, so wie es war, zu akzeptieren, die Welt des leidgeprüften Bauern und Hirten wurde zum »Jammertal«. In dieser Situation wurden zwei Weltanschauungen erfunden, die den Wildbeutern fremd gewesen waren: einerseits die Transzendenz-Ideologie und andererseits die Weltflucht-Ideologie. Während in der Transzendenz-Ideologie das Leben, so wie es ist, abgelehnt und durch das Leben, so wie es sein soll, also durch ein besseres, ein ideales Leben im Himmel oder in der Zukunft, ersetzt wurde, war die Weltflucht-Ideologie noch wesentlich radikaler. Sie lehnte nicht nur das leidvolle, schlechte Leben ab, sondern das Leben überhaupt, auch das paradiesische. Denn was konnte es einem nutzen, ein paar Millionen Jahre in Freuden und im Glück gelebt zu haben, wenn dann der Sturz ins Unglück folgte? Zwei neue Kategorien tauchen deshalb auf: das Jenseits und das Nichts.

Wieso das Nichts?

Charakteristisch für die Weltflucht-Ideologie ist, daß sie den Menschen dazu anleitet, sich vom Leben zu distanzieren, die Dinge der Welt sub specie aeternitatis zu sehen, also einzusehen, daß nichts Bestand hat, daß alles nur ein Witz ist, ohne irgendeine Bedeutung, also nichts. Damit wird die Weltflucht-Ideologie zur Entlastungs-Ideologie par excellence, denn die Probleme, die eben noch die Menschen gequält haben, erweisen sich als nichtig.

Ist es so einfach, die Lebensprobleme mit einer Ideologie wegzuwischen?

Nein, natürlich ist das nicht so einfach, und die Inder haben ja lange Zeit herumexperimentiert, wie man das am besten macht. Ein Modell ist das des Samnyasins, der sich in die Wildnis zurückzieht, um dort seine Menschlichkeit, also seine Kultur, seine Sprache, Kleidung, Moral und so weiter abzustreifen. In den philosophischeren Varianten geht es weniger um einen leiblichen als um einen geistigen Rückzug aus der Welt, also darum, innerlichen Abstand von den Dingen zu gewinnen.

Denken Sie, daß solche Ideologien sich nur auf der »materiellen Grundlage« eines mühseligen und ausweglosen Bauerndaseins entwickeln konnten?

So ist es zwar historisch gewesen, aber so muß es nicht notwendigerweise sein. Wichtige Voraussetzung für derartige Ideologien ist, daß die Menschen das »Urvertrauen« zum Leben verloren haben, daß die Spannungen des Lebens zu belastend geworden sind und daß sie die Hoffnung verloren haben, diese Spannungen »in dieser Welt« auflösen zu können. Dabei ist es gleichgültig, ob »diese Welt« eine starre Kastengesellschaft oder eine moderne Industriegesellschaft ist, deren Individuen sich fremdbestimmt fühlen und gleichzeitig ohnmächtig, etwas gegen die »objektiven Strukturen« zu unternehmen – zumal wenn man die historische Erfahrung gemacht hat, daß einige Revolutionen und Revolten, gemessen an den Erwartungen, nicht allzuviel gebracht haben.

Sie denken jetzt vermutlich an die Attraktivität, die mystische Strömungen meist orientalischer Herkunft heute in den Industrienationen des Westens haben...

Ja – ich denke da zunächst an die New Age-Bewegung, in der zwar auf typisch kalifornische Weise ideologischer Nippes aus allen möglichen Kulturen miteinander kombiniert wird, wo aber eine »positive Mystik« im Sinne der hinduistischen Tradition zu dominieren scheint.

Was meinen Sie mit »positiver Mystik«?

Im Hinduismus wird derjenige befreit, der erkennt, daß das eigene Ich im Grunde identisch ist mit *atman*, dem kosmischen Selbst. Ich habe in Kalifornien einige der New Age-Stars kennengelernt, und die haben mir unisono erklärt, es gehe darum, »to lose our egos«. Einssein mit dem Kosmos und so Sachen. Als sie erläuterten, wie sie sich das vorstellen, habe ich gemerkt, daß sie an so eine Art »ozeanisches Gefühl« oder, etwas psychoanalytischer ausgedrückt, an eine »intrauterine Urlust« denken, also warm und mollig eingemummelt in den Kosmos.

Ken Wilber, der Chefredakteur der in New Age-Kreisen beliebten Zeitschrift Re-VISION, behauptet, daß zwischen dem zweiten und dem ersten vorchristlichen Jahrtausend sich die »ichhaften Strukturen« zum erstenmal in der Geschichte aus den unbewußten Ursprüngen herausgelöst hätten, während sie zuvor in prä-personalen, diffusen Gruppenstrukturen, einem »Überbewußtsein« aufgehoben gewesen seien. Entspricht dieses »Überbewußtsein« dem atman?

Solche Theorien wie die von Ken Wilber stehen auf dem Niveau jener marxistischen Theorien, die das Ich mit der »gemünzten Geldform des Wertes« (ein Begriff von Alfred Sohn-Rethel) in Kleinasien entstehen lassen. Der größte Teil dieser New Age-Philosophen hat keine blasse Ahnung von fremden oder archaischen Völkern, und sie haben offenbar auch kein Interesse an ihnen, sonst würden sie sich nicht einen Rolling Thunder oder einen Sun Bear als »indianische Schamanen« präsentieren lassen. Das ganze Gerede von den »prä-personalen«, »nicht-ichhaften Strukturen«, von »Kollektivbewußtsein« und so weiter ist völliger Unsinn. Kennzeichnend für die ursprünglichen Wildbeuter, die Sammlerinnen und Jäger, ist gerade ihr Individualismus, ihre Antipathie gegen das Kollektiv und die Herrschaft des Kollektivs oder eines Repräsentanten der Allgemeinheit. Konflikte werden dadurch vermieden, daß man seiner Wege geht oder daß die Individuen mit hohen Schamschranken und Meidungstabus sozialisiert werden. Bei den Heikum-Buschleuten darf beispielsweise ein Mann niemals seine Schwiegermutter anreden, sie anschauen oder auch nur ihren Namen erwähnen. Selbst wenn die Schwiegermutter zum Sammeln in den Busch gegangen ist, darf er nicht ihre Hütte betreten. Also nichts von einer Ur-Suppe, in der das Ego von Schwiegermutter und Schwiegersohn aufgelöst herumschwimmen.

Sie meinen, daß solche Theorien vom »Kollektivbewußtsein«, in dem sich noch keine Individualität formiert hat, moderne Intellektuellenphantasien sind?

Natürlich gibt es Lebensformen, insbesondere Bauerngesellschaften, in denen die Menschen einem äußerst harten Konformitätsdruck ausgesetzt sind. Ich denke da etwa an die heute in gewissen Alternativkreisen so hochgepriesenen Hopi-Indianer, bei denen den Kindern schon im frühesten Alter eingebleut wird, daß irgendwelche »unsozialen Gedanken« sofort die negativsten Folgen für die Gemeinschaft nach sich ziehen, beispielsweise, daß die Regenfälle ausbleiben und derartiges, und Leute, die man im Verdacht hat, solche Gedanken zu hegen, werden hinter vorgehaltener Hand als Hexen denunziert. Man sieht also, um welchen Preis hier die »kosmische Harmonie« aufrechterhalten wird. Das Interessante ist nun bei der Sache, daß solche Gesellschaften eben keine ursprünglichen Wildbeutergesellschaften, sondern relativ komplexe, Vorratswirtschaft betreibende, seßhafte Gesellschaften sind. Die Idealisierung solcher Lebensformen gehört zur typischen Dorfromantik der Stadtbewohner.

Kommen wir zurück zur Renaissance der Mystik…

Ja, ich wollte sagen: Während viele New Age-Intellektuelle mehr ihren ozeanischen Neigungen nachgehen, vertritt etwa der Bhagwan von Oregon eher eine »negative Mystik«. Er ist zwar als Inder hinduistischer Herkunft, aber er propagiert eine Variante des Buddhismus, die sehr stark vom Zen beeinflußt ist. »Erlösung« oder »Befreiung« bedeutet hier zunächst, einzusehen, daß alles nichts ist. Wenn aber alles nichts ist, dann ist auch die Einsicht, daß alles nichts ist, nichts, was bedeutet, daß sich diese ganze Philosophie in Rauch auflöst. Im Zen heißt es: »Nie hat es einen Buddha gegeben, der die Lehre vom Leiden verkündete.« Was übrigbleibt, ist nach Bhagwan das normale Leben. Was er indessen nicht zu bedenken scheint, das ist, daß dieses normale Leben ja gerade der Mutterboden all der Verwicklungen war, aus denen die buddhistische Mystik, die Lehre von der Befreiung, heraushelfen sollte.

Sie schreiben in Ihrem Buch »Sedna«, daß diese Formen von Mystik letzten Endes auf Philosophien der Bewahrung des Status quo hinauslaufen, deren eigentliches Ziel ist, sich selber zu eliminieren.

Karl Kraus hat doch einmal gesagt, die Psychoanalyse sei die Krankheit, für deren Therapie sie sich hält. Ich glaube, daß Bhagwan *weiß*, daß seine »Therapie« eine Krankheit ist…

Meinen Sie, daß er deswegen seinen Schülern sagt, daß sie erst frei sein können, wenn sie sich von ihm frei gemacht haben?

Wenn Bhagwan so etwas sagt, dann bastelt er natürlich an einer geradezu modellhaften Double bind-Situation. So etwas darf man nicht verkünden, so etwas muß man tun, zum Beispiel indem man von Poona nach Oregan geht, aber nicht, um in Amerika dasselbe in Grün zu machen. Bhagwan hätte in Amerika Manager oder Universitätsprofessor werden müssen, oder er hätte ein Buch schreiben sollen mit dem Titel »Wie ich all die Arschlöcher reingelegt habe«. Dann wäre er vielleicht ein guter Guru gewesen.

Ein guter Guru für Guru-Neurotiker...

Genau. Die Lebensprobleme, die vor langer Zeit die Upanischaden oder den Buddhismus Gautama Buddhas nötig gemacht haben, sind damit überhaupt nicht berührt. Bhagwan weiß das. Deshalb sagt er, er sei der Guru des weißen Mannes. Man sollte vielleicht präzisieren: Er ist der Guru für einen ganz bestimmten Typus von westlichen Intellektuellen. Ein harter Job, aber er hat ihn sich ausgewählt.

Würden Sie sagen, daß Bhagwan seinen Jüngern beibringen will, daß es überhaupt keine Befreiung gibt? Will er sie von einer Befreiungs-Neurose befreien?

Ich dachte dies zunächst, weil er ja immer wieder das hohe Lied des einfachen Spießerlebens singt und sich lustig macht über die Leute, die ihre Zeit mit Meditation, tiefen Erkenntnissen, Drogenerfahrungen und ähnlichem verplempern. Eine derartige Lehre hätte eine ehrwürdige Tradition – es ist die Lehre der Identität von *samsara*, dem Auf und Ab des Lebens, mit *nirvana*, der Befreiung. Im Zen heißt es: »Der Weg führt mitten in Petersilie.« Aber bei Bhagwan kommt noch etwas hinzu. Für ihn ist derjenige, der sich von der Befreiung befreit hat, nicht einfach ein gewöhnlicher Mensch, vielmehr ist er »außergewöhnlich gewöhnlich«. Da denkt man sofort an die Schweine in Orwells »Farm der Tiere«: Alle waren gleich, aber die Schweine waren noch gleicher als all die anderen.

Ob nun »gewöhnlich« oder »außergewöhnlich gewöhnlich« – wenn Ihre Interpretation Bhagwans richtig ist, dann dürften die meisten seiner Anhänger ihn mißverstanden haben.

Der größte Teil seiner Jünger scheint auf der Suche nach der Auflösung von Lebensspannungen und -verspannungen zu sein. »Ganz entspannt im Hier und Jetzt« und so Sachen. Für den Meister sind das Kindereien. Ein Buddhist würde hier von Talmi-*nirvana* reden.

Talmi-nirvana?

Die Zen-Meister sagen, daß derjenige, welcher den Zen-Weg geht, irgendwann in eine der gefährlichsten Fallen läuft. Er empfindet Ruhe, Geborgenheit, Frieden, Glück und so weiter und er erkennt. Diesen Zustand hält er für das *satori.* Aber dieser Zustand ist nicht nur nicht *satori*, es gibt sogar keinen Zustand, der weiter vom *satori* entfernt wäre als dieser.

Und Sie meinen, daß der größte Teil der westlichen Anhänger orientalischer Mystik, vor allem die Mitglieder der Bhagwan-Bewegung, hinter diesem »Talmi« her sind?

Ja. Nur vergessen Sie bitte nicht, daß ich weder ein Zen-Buddhist noch Bhagwan bin. Das heißt, ich persönlich wäre auch am Pseudo-*nirvana* mehr interessiert als am wirklichen *nirvana.* Gewiß steckt ein Mann wie Bhagwan seine Anhänger intellektuell in die Tasche, aber was besagt das schon! Ein Odenwälder Bauer wird vielleicht glauben, daß vor zweitausend Jahren der liebe Gott von einer Wolke herabgestiegen ist, um eine Jüdin namens Maria zu bumsen, ins Ohr, damit sie unten intakt bleibt. Ein moderner Theologe, der Karl Barth und Küng und was weiß ich gelesen hat, wird über einen solchen Simpel lächeln und denken, daß er selbst was Besseres ist – aber ist er wirklich was Besseres mit seiner Universitäts-Philosophie?

Sie schreiben in »Sedna«, daß Sie darauf verzichten, die verschiedenen Weltanschauungen zu werten. Wenn man allerdings Ihr neues Buch liest, dann sieht man doch sehr schnell, wo Ihre Präferenzen liegen, wie Sie die Akzente verteilen. Offenbar sind Ihnen doch die Weltanschauungen der »einfachsten« Völker, der Jäger und Sammlerinnen, gegenüber den Hochkultur-Ideologien am sympathischsten.

Ja, natürlich habe ich meine Vorlieben und Sympathien – ich bin ja kein Bodhisattva oder ein Herr in vergleichbarem Rang! Dies ist eine Sache. Eine andere ist es, ob man derartige Weltanschauungen in einer Weise beurteilt, als handle es sich um miteinander konkurrierende wissenschaftliche Hypothesen oder um verschiedene Shampoos in einem Supermarkt, die um einen Käufer buhlen. Wenn mir persönlich die Weltanschauung der Buschleute in der Kalahari sympathischer ist als die hinduistische Mystik oder die Philosophie Adornos, dann meine ich damit nicht, daß in der historischen Situation, die den Hinduismus oder die »Negative Dialektik« notwendig gemacht hat, die Lebensphilosophie der !Kung-Buschleute angemessener gewesen wäre.

Sie schreiben in Ihrem neuen Buch, daß Sie sich »zwanglos Situationen vorstellen« können, »in denen Nekrophilie, Todessehnsucht oder Zynismus dem Überleben dienlicher sind als ein pausbäckiges ›Ja zum Leben‹«. Meinen Sie damit, daß es naiv ist, die Weltanschauung oder die wissenschaftliche Methode zu suchen, wo es eher darauf ankommt, ganz bestimmte historische und gesellschaftliche Situationen zu berücksichtigen?

Es ist ungeheuer schwierig und oft sogar unmöglich, Weltanschauungen zu kritisieren, also ihre Unangemessenheit nachzuweisen. Wenn Menschen in ausweglosen Situationen Weltflucht-Ideologien entwickeln, um sich zu entlasten, oder wenn sich frustrierte Hirtennomaden eine Transzendenz-Ideologie, zum Beispiel das Christentum, ausdenken, dann kann man denen ja schlecht sagen: »Also hört mal zu, ihr dürft die Dinge nicht so ernst nehmen, ihr müßt das heiterer sehen!« Mir fällt gerade eine Zeichnung ein. Da unterhalten sich der Bundespräsident Lübke und die Indira Gandhi, und der Lübke sagt: »Glauben Sie mir, Frau Gandhi, ich war vier Jahre Landwirtschaftsminister, es *gibt* keine heiligen Kühe!«

Interview: Heiko Ernst

Nachweise

»Eine Verteidigung Paul Feyerabends« erschien zuerst in *Inquiry* 17, 1974.

»Können Hexen fliegen?« erschien zuerst in *Unter dem Pflaster liegt der Strand* 3, 1976. Ein Großteil der Anmerkungen wurde hier weggelassen. Die hier abgedruckte, leicht überarbeitete Version erschien in *Grundfragen der Ethnologie*, ed. W. Schmied-Kowarzik/J. Stagl, Berlin 1981.

»Fröhliche Wissenschaft« wurde auf einer Podiumsdiskussion mit Paul Feyerabend, Werner Diederich, Ulrich Steinvorth und Hans-Georg Flickinger Anfang Juli 1977 an der Gesamthochschule Kassel vorgetragen. Der Essay erschien zuerst in *Unter dem Pflaster liegt der Strand* 4, 1977.

»Zürcher Geschnetzeltes« erschien zuerst in *Versuchungen. Aufsätze zur Philosophie Paul Feyerabends*, ed. H. P. Duerr, Bd. I, Frankfurt a. M. 1980.

»Die Angst vor dem Leben und die Sehnsucht nach dem Tode« erschien zuerst in *Der Wissenschaftler und das Irrationale*, ed. H. P. Duerr, Bd. I, Frankfurt a. M. 1981.

»Fragmente eines Tagebuchs« erschien zuerst in *Sehnsucht nach dem Ursprung. Festschrift für Mircea Eliade*, ed. v. H. P. Duerr, Frankfurt/M. 1983.

»Tanzt Papa Legba in Afrika?« erschien zuerst in *Spiegel und Gleichnis. Festschrift für Jacob Taubes*, ed. N. W. Bolz/W. Hübener, Würzburg 1983.

Das Interview »Der Wissenschaftler als Hexe« wurde von Jennifer Bauer und Patricia Ono geführt. Die deutsche Fassung erschien zuerst in *Psychologie heute*, März 1979.

Das Interview »Romantische Ethnologie« wurde von Helmut Krauch geführt und erschien zuerst in *Berliner Hefte*, August 1979.

Das Interview »Können Ethnologen fliegen?« wurde von Ina van de Kerkhof geführt und erschien auf deutsch zuerst in *Engel Lucifer*, November 1979 und in *Zeitschrift für Parapsychologie* 1979, allerdings in gekürzten Fassungen. Die hier abgedruckte Fassung erschien in *Die Rück-*

kehr des Imaginären, ed. Christiane Thurn/Herbert Röttgen, München 1981.

Das Interview »Schau durch das Klatschen einer einzigen Hand hindurch« wurde von Helmut Krauch geführt und erschien zuerst in *Psychologie heute*, April 1982.

Das Interview »Lebensliebe und Lebensflucht« wurde von Elizabeth Powell und Johan Lindquist geführt. Die deutsche Fassung erschien zuerst in der Schweizer New-Age-Zeitschrift *Sphinx* 30, Februar 1985.

Das Interview »Endet der Weg mitten in Petersilie?« wurde von Heiko Ernst geführt. Es erschien zuerst in *Psychologie heute*, Februar 1985.

Register

edition suhrkamp. Neue Folge